CD付

新 スッキリわかる ドイツ語
Deutsch ganz klar

大岩信太郎 著

短時間で確実に基礎が身につく
ドイツ語の構造がすっきり頭に入る

三修社

トラック対応表

Track		頁	Track		頁
1	Das Alphabet	10	27	基数 20 以上	76
2	発音　1. 母音	13	28	Lektion 11	77
3	2. 子音	14	29	練習 11	79
4	3. 外来語	16	30	Lektion 12	81
5	発音練習	17	31	練習 12	85
6	Lektion 1	18	32	序数	87
7	練習 1	20	33	Lektion 13	88
8	Lektion 2	22	34	練習 13	91
9	練習 2	26	35	Lektion 14	93
10	Lektion 3	28	36	練習 14	97
11	練習 3	30	37	Lektion 15	100
12	Lektion 4	32	38	練習 15	103
13	練習 4	36	39	Lektion 16	106
14	基数 1～19	38	40	練習 16	107
15	Lektion 5	39	41	Lektion 17	110
16	練習 5	42	42	練習 17	112
17	Lektion 6	45	43	Lektion 18	114
18	練習 6	49	44	練習 18	117
19	Lektion 7	51	45	Lektion 19	119
20	練習 7	55	46	練習 19	122
21	Lektion 8	58	47	Lektion 20	124
22	練習 8	62	48	練習 20	127
23	Lektion 9	64	49	Lektion 21	129
24	練習 9	68	50	練習 21	133
25	Lektion 10	70	51	主要不規則動詞変化表	137
26	練習 10	74			

まえがき

　本書はドイツ語をはじめて学ぶ方に，その基礎を短期間で確実に身につけて頂くことを目的としています。
　この目的を達成するために，次の方針をとりました。

① 初学者を混乱に陥れる弊害の方が大きい細則や例外は省き，ドイツ語の構造がスッキリ見通せるようにしました。
② 説明はていねいに，しかしくどくならないように努めました。
③ 例文や練習問題には凝ったものは避け，分かりやすいものだけを選びました。
④ 単語はふつうのものが繰り返し出てくるようにし，新出の単語は書き出して訳をつけました。

　本書によって，1人も途中で投げ出すことなく，全員がドイツ語の基礎をマスターされるよう，心より祈っています。

　　　　　　　　　　　　　　　　　　　　　　　　　大岩信太郎

スッキリわかるドイツ語　目次

まえがき／5

Das Alphabet／10

発音／13

Lektion 1　名詞の性と冠詞 …………………………………………………… 18
§1　名詞の性　　　　　　§2　冠詞の意味

Lektion 2　動詞の現在形（1） ………………………………………………… 22
§1　動詞の人称変化　　　§2　基本的な現在人称変化
§3　2種の2人称　　　　　§4　現在形の用法
§5　語尾に注意すべき動詞

Lektion 3　冠詞と名詞の格変化 ……………………………………………… 28
§1　冠詞と名詞の格変化　§2　2格などについての注意

Lektion 4　動詞の現在形（2） ………………………………………………… 32
§1　最重要動詞 sein と haben　§2　a→ä型動詞と e→i[e]型動詞
§3　重要動詞 werden と wissen　§4　冠詞をつけない場合

Lektion 5　定動詞の位置 ……………………………………………………… 39
§1　定動詞第2位　　　　§2　定動詞第1位
§3　定動詞文末

Lektion 6　定冠詞類と不定冠詞類 …………………………………………… 45
§1　定冠詞類（dieser型）　§2　不定冠詞類（mein型）
§3　疑問詞

Lektion 7　名詞の複数形 ……………………………………………………… 51
§1　4種の複数形　　　　§2　複数形の格変化
§3　男性弱変化名詞

Lektion 8　人称代名詞 58
　§1　人称代名詞の格変化　　　§2　3格と4格の語順
　§3　非人称動詞　　　　　　　§4　非人称熟語 es gibt + 4格
　§5　その他の非人称的表現

Lektion 9　前置詞 64
　§1　前置詞の格支配　　　　　§2　2格支配の前置詞
　§3　3格支配の前置詞　　　　§4　4格支配の前置詞
　§5　3・4格支配の前置詞　　§6　前置詞と定冠詞の融合形
　§7　動詞・形容詞の前置詞支配

Lektion 10　助動詞 70
　§1　未来形　　　　　　　　　§2　話法の助動詞
　§3　話法の助動詞 möchte[n]

Lektion 11　分離動詞 77
　§1　分離動詞と非分離動詞　　§2　分離動詞を用いる構文
　§3　nicht の位置

Lektion 12　形容詞の格変化 81
　§1　形容詞の格変化　　　　　§2　形容詞の名詞化

Lektion 13　再帰 88
　§1　再帰代名詞　　　　　　　§2　再帰動詞
　§3　「互いに」の意味の sich

Lektion 14　動詞の3基本形 93
　§1　動詞の3基本形　　　　　§2　注意すべき3基本形
　§3　過去人称変化

Lektion 15　完了形 100
　§1　haben 支配と sein 支配　§2　sein 支配動詞
　§3　現在完了形　　　　　　　§4　過去完了形
　§5　未来完了形

Lektion 16　命令法 ……………………………………………………………………… 106
　　§1　命令法　　　　　　　　　§2　現在分詞

Lektion 17　受動 …………………………………………………………………………… 110
　　§1　2種の受動　　　　　　　§2　受動形の時制
　　§3　能動から受動へ　　　　　§4　過去分詞

Lektion 18　zu不定詞 ……………………………………………………………………… 114
　　§1　zu不定詞とzu不定詞句　　§2　zu不定詞[句]の基本的用法
　　§3　zu不定詞[句]を含む熟語　§4　sein + zu不定詞

Lektion 19　関係代名詞 …………………………………………………………………… 119
　　§1　指示代名詞と関係代名詞　§2　先行詞の必要な関係代名詞
　　§3　先行詞のいらない関係代　　　（定関係代名詞）
　　　　　名詞（不定関係代名詞）

Lektion 20　比較 …………………………………………………………………………… 124
　　§1　形容詞の比較形　　　　　§2　名詞の前に置く場合
　　§3　その他の場合（述語的・　　　（付加語的用法）
　　　　　副詞的用法）

Lektion 21　接続法 ………………………………………………………………………… 129
　　§1　3種の法　　　　　　　　§2　接続法のつくり方
　　§3　接続法の用法

主要不規則動詞変化表／137

コラム

縮小語尾 -chen, -lein／19	形容詞は副詞としても用いる／27
女性語尾 -in／31	基数1〜19／38
並列接続詞／41	不定代名詞 man／50
「はい」「いいえ」の答え方／61	kennen と wissen／69
基数20以上／76	序数／87
als と wenn／99	日付・西暦／105
時刻／109	zuの3用法／116
alsの3用法／126	

Das Alphabet
ダス　　アルファベート　　　　　CD▶1

活字体		筆記体		名称	
A	a	𝒜	𝒶	アー	[aː]
B	b	ℬ	𝒷	ベー	[beː]
C	c	𝒞	𝒸	ツェー	[tseː]
D	d	𝒟	𝒹	デー	[deː]
E	e	ℰ	ℯ	エー	[eː]
F	f	ℱ	𝒻	エフ	[ɛf]
G	g	𝒢	ℊ	ゲー	[geː]
H	h	ℋ	𝒽	ハー	[haː]
I	i	ℐ	𝒾	イー	[iː]
J	j	𝒥	𝒿	ヨット	[jɔt]
K	k	𝒦	𝓀	カー	[kaː]
L	l	ℒ	ℓ	エル	[ɛl]
M	m	ℳ	𝓂	エム	[ɛm]
N	n	𝒩	𝓃	エン	[ɛn]
O	o	𝒪	ℴ	オー	[oː]
P	p	𝒫	𝓅	ペー	[peː]

活字体		筆記体		名称	
Q	q	𝒬	𝓆	クー	[kuː]
R	r	ℛ	𝓇	エル	[ɛr]
S	s	𝒮	𝓈	エス	[ɛs]
T	t	𝒯	𝓉	テー	[teː]
U	u	𝒰	𝓊	ウー	[uː]
V	v	𝒱	𝓋	ファオ	[faʊ]
W	w	𝒲	𝓌	ヴェー	[veː]
X	x	𝒳	𝓍	イクス	[ɪks]
Y	y	𝒴	𝓎	ユプスィロン	[ýpsilɔn]
Z	z	𝒵	𝓏	ツェット	[tsɛt]
Ä	ä	Ä	ä	エー	[ɛː]
Ö	ö	Ö	ö	エー	[øː]
Ü	ü	Ü	ü	ユー	[yː]
	ß		ß	エス・ツェット	[ɛs tsét]

ドイツ語のアルファベットは英語と同じ 26 文字の他に **A**，**O**，**U** の上に変音記号 ¨ のついたものと，**ß**［エス・**ツェット**］があります。

　Ä は日本語の「エー」とほぼ同じです。

　Ö は一応「エー」としておきましたが，［オー］を発音するときの口の形で［エー］と言います。

　Ü は［ウー］を発音するときの口の形で［イー］と言います。**Y**［**ユ**プスィロン］の［ユ］もこの音です。

　なお，ドイツではあまり言いませんが，日本では **A-Umlaut**［アー・**ウム**ラオト］，**O-Umlaut**［オー・**ウム**ラオト］，**U-Umlaut**［ウー・**ウム**ラオト］と呼ぶ習慣があります。

　ß［エス・**ツェット**］には大文字がありません。

本書でのカッコの使いかた

［　］　発音および省略可能の文字・語句を示します。
（　）　説明的な語句を示します。
〈　〉　言い換え可能な語句を示します。言い換え可能な語句が2つある場合は〈／〉。

発音 (Die Aussprache)
ディー　アオスシュプラーへ

原　則

① ローマ字式に読む。

② アクセントは第1音節にある。

③ 母音は子音1個の前では長く，子音2個以上の前では短い。
　　（アクセントのない母音は短く読む。）

---

§1　母音（Vokale） CD▶2
ヴォカーレ

太字のところを強く読んで下さい。

a [ア]	Name ナーメ	名前	Garten ガルテン	庭
e [エ]	Tee テー	[紅]茶	Ende エンデ	終わり
i [イ]	Iris イーリス	あやめ	Lippe リッペ	唇
o [オ]	Boot ボート	ボート	Onkel オンケル	おじ
u [ウ]	Blut ブルート	血	Bus ブス	バス

注　①名詞は大文字で書き始めます。
　　② ee, oo 等同じ母音字が重なっても音は変わりませんが，長音になります。

変母音　ä [エ], ö [エ], ü [ユ]

ä は日本語の [エ] とほぼ同じです。ö は o を発音する口の構えで e を発音します。ü は u を発音する口の構えで i を発音します。

Bär ベーア	熊	März メルツ	3月
Öl エール	油	können ケンネン	できる
Tür テューア	ドア	Hütte ヒュッテ	小屋

注　Bär, Tür 等の語末の r は軽く [ア] と読みます。

au	［アオ］	Haus <small>ハオス</small>	家	Auto <small>アオトー</small>	自動車
eu	［オイ］	neu <small>ノイ</small>	新しい	Feuer <small>フォイアー</small>	火
äu	［オイ］	Häuser <small>ホイザー</small>	家（複数形）	Räuber <small>ロイバー</small>	強盗
ei	［アイ］	Arbeit <small>アルバイト</small>	仕事	Eis <small>アイス</small>	氷
ie	［イー］	Liebe <small>リーベ</small>	愛	Knie <small>クニー</small>	ひざ

注 Feuer, Häuser 等の語末の er は英語の *father* などの *er* のように読みます。

§2 子音（Konsonanten） CD▶3
<small>コンゾナンテン</small>

次の4個の子音字は英語やローマ字とは全く違う発音なので注意して下さい。

j = 英 y	jung <small>ユング</small>	若い	Japan <small>ヤーパン</small>	日本
v = 英 f	Vater <small>ファーター</small>	父	Volk <small>フォルク</small>	国民
w = 英 v	Wein <small>ヴァイン</small>	ワイン	Wagen <small>ヴァーゲン</small>	車
z = 英 ts	zwei <small>ツヴァイ</small>	2	Zucker <small>ツッカー</small>	砂糖

母音のあとの h

ドイツ語における唯一のサイレントです。母音を延ばす記号だと思って下さい。

Kuh <small>クー</small>	雌牛	gehen <small>ゲーエン</small>	行く

語末の b, d, g = p, t, k　　濁らずに発音します。

halb <small>ハルプ</small>	半分の	Lied <small>リート</small>	歌
Weg <small>ヴェーク</small>	道	Jagd <small>ヤークト</small>	狩り

Ach-Laut の ch

a, o, u, au のあとでは ch はのどの奥をかすらせて発音します。ach!［アハ］とため息をつく時の音（Laut）なので Ach-Laut［アハ・ラオト］といいます。

a のあとでは［ハ］，o, au のあとでは［ホ］，u のあとでは［フ］に近くなります。

Nacht	夜	Tochter	娘
ナハト		トホター	
Buch	本	auch	…もまた
ブーフ		アオホ	

Ich-Laut の ch

a, o, u, au のあと以外ではかすれた［ヒ］の音です。ich［イヒ］「私は」という時の音なので Ich-Laut［イヒ・ラオト］といいます。

Licht	光	Recht	権利
リヒト		レヒト	
Milch	［牛］乳	Bücher	本（複数形）
ミルヒ		ビューヒャー	

語末の ig = ich ［イヒ］

| König | 王 | Honig | 蜜 |
| ケーニヒ | | ホーニヒ | |

母音の前の s ［ズ］

| Sonne | 太陽 | Rose | バラ |
| ゾンネ | | ローゼ | |

ss, ß ［ス］

ss は短母音のあとで用い，それ以外では ß を用います。

Wasser	水	Kuss	キス
ヴァッサー		クス	
grüßen	あいさつする	weiß	白い
グリューセン		ヴァイス	

注 旧正書法（1998年以前の表記法）では前が短母音，後が母音の場合にだけ ss を用いました。したがって Kuss は旧正書法では Kuß と綴りました。

sch ［シュ］

| Schule | 学校 | Fisch | 魚 |
| シューレ | | フィッシュ | |

語頭の sp ［シュプ］, st ［シュト］

s を sch と発音します。

| Sport | スポーツ | Stein | 石 |
| シュポルト | | シュタイン | |

| **tsch** ［チュ］ | | Deutsch ドイツ語
_{ドイチュ} | | Dolmetscher 通訳
_{ドルメッチャー} |

pf ［プッ］

p を発音しようとして両唇を合わせ，唇が離れる瞬間に f を発音します。

| | | Apfel リンゴ
_{アップフェル} | | Pfeife パイプ
_{プファイフェ} |

| **qu** ［クヴ］ | | Quarz 石英
_{クヴァルツ} | | bequem 快適な
_{ベクヴェーム} |

| **chs, x** ［クス］ | | Fuchs キツネ
_{フックス} | | Examen 試験
_{エクサーメン} |

§3 外来語（Fremdwörter） CD▶4
_{フレムトヴェルター}

　純粋のドイツ語でなく，ギリシア語やラテン語などから入った外来語には特殊な発音をする語があります。アクセントが第1音節にないことが多いのが特徴です。英語と同じか，または英語に酷似した語が多いのですが，発音は英語とはかなり異なります。

| **th** = t | | Theater 劇場
_{テアーター} | | Mathematik 数学
_{マテマティーク} |

tia, tie, tio　　t を［ts］と発音します。

| | | Initiale 頭文字
_{イニツィアーレ} | | Patient 患者
_{パツィエント} |
| | | Lektion （教科書の）課
_{レクツィオーン} | | Nation 国民
_{ナツィオーン} |

| **v** ［ヴ］ | | Visum ビザ
_{ヴィーズム} | | Vulkan 火山
_{ヴルカーン} |

注 音節末では濁りません。aktiv［アクティーフ］活動的な

| **y** = ü | | Typ 型
_{テュープ} | | System システム
_{ズュステーム} |

ie ［イエ］　直前の音節にアクセントがある場合は［イエ］と読みます。

Familie　家族
ファミーリエ

Italien　イタリア
イターリエン

CD▶5　　　　　　　　　　発音練習

GutenTag, Herr* Müller! グーテン　ターク　ヘア　ミュラー	こんにちは，ミュラーさん。
Guten Morgen, Frau* Schäfer! グーテン　モルゲン　フラオ　シェーファー	おはようございます，シェーファーさん。
Guten Abend, Fräulein* Schmidt! グーテン　アーベント　フロイラン　シュミット	こんばんは，シュミットお嬢さん。
Gute Nacht! グーテ　ナハト	おやすみなさい。
Auf Wiedersehen! アオフ　ヴィーダー・ゼーエン	さようら。
Danke schön! ダンケ　シェーン	どうもありがとう。
Bitte schön! ビッテ　シェーン	どういたしまして。
Einen Moment bitte! アイネン　モメント　ビッテ	ちょっと待って下さい。
Gute Besserung! グーテ　ベッセルング	（病人に）お大事に。
Schönes Wochenende! シェーネス　ヴォッヘン・エンデ	よい週末を。
Danke, gleichfalls! ダンケ　グライヒファルス	ありがとう，あなたもね。（<同様に）
Gute Reise! グーテ　ライゼ	よいご旅行を。

注 Herr 英 *Mr.*　Frau 英 *Mrs.*　Fräulein 英 *Miss.*　Fräulein は現在では若い未婚女性に対してのみ用います。未婚でも，成人女性に対しては Frau を用います。

Lektion 1 (eins) CD▶6
レクツィオーン　アインス

名詞の性と冠詞

> **Der** Markt ist hier. **Die** Post ist dort.
> デア マルクト イスト ヒーア　ディー ポスト イスト ドルト
> 市場はここです。　　　　　　郵便局はあそこです。
>
> Wo ist **das** Theater?
> ヴォー イスト ダス　テアーター
> 劇場はどこですか。

逐語訳　der Markt 市場は　hier ここに　ist ある。
　　　　　die Post 郵便局は　dort あそこに　ist ある。
　　　　　das Theater 劇場は　wo どこに　ist あるか？

§1　名詞の性

　名詞の頭文字を大文字で書くことは発音のところで学びましたが，ドイツ語の名詞のもう1つの特徴は，文法上の性があることです。上の例文の Markt「市場」は男性名詞，Post「郵便局」は女性名詞，Theater「劇場」は中性名詞　　**名詞には性がある**
です。この性別はまず定冠詞にあらわれます。英語の *the* にあたる定冠詞は男性名詞につける場合は **der** ですが，女性名詞の前では **die**，中性名詞の前では **das** になります。これに対し，英語の *a* にあたる不定冠詞は男性と中性が同形の **ein**，女性は **eine** で定冠詞ほどはっきり性を示しません。

	男	女	中
定冠詞	der Markt 市場 デア マルクト	die Post 郵便局 ディー ポスト	das Theater 劇場 ダス テアーター
不定冠詞	ein Markt アイン	eine Post アイネ	ein Theater
人称代名詞	er (英 *he*) エア	sie (英 *she*) ズィー	es (英 *it*) エス

　なお，文法上の性があるため人称代名詞も男性名詞は **er**（英 *he*），女性名詞は **sie**（英 *she*），そして中性名詞は **es**（英 *it*）で受けなければなりません。

Lektion 1 名詞の性と冠詞

Ist der Markt groß? — Ja, **er** (esは誤り) ist sehr groß.
イスト デア マルクト グロース　　ヤー エア　　　　　　　ゼーア
その市場は大きいですか。　　—はい，それはとても大きいです。

単語　groß 大きい　　sehr とても

　文法上の性は，人間の場合には自然性と一致することが多いのですが，無生物の場合などはじめのうちは見当がつきませんから，1つ1つ性を覚えなければなりません。その場合一番いい方法は定冠詞と一緒に名詞を覚えてしまうことです。下にあげた例のように名詞は必ず定冠詞をつけて覚え，また単語帳などにも定冠詞をつけて書きましょう。

> 名詞は定冠詞を
> つけて覚えよ

男	女	中
der Mann 男, 夫 デア　マン	die Frau 女, 妻, …夫人 ディー フラオ	das Fräulein お嬢さん ダス　フロイライン
der Freund 友人 フロイント	die Freundin 女友達 フロインデン	das Mädchen 少女 メーチェン
der Hund 犬 フント	die Katze 猫 カッツェ	das Tier 動物 ティーア
der Garten 庭 ガルテン	die Kirche 教会 キルヒェ	das Haus 家 ハオス
der Apfel リンゴ アップフェル	die Frucht 果物 フルフト	das Hotel ホテル ホテル
der Wein ワイン ヴァイン	die Milch 乳 ミルヒ	das Bier ビール ビーア

縮小語尾 -chen, -lein

　名詞に -chen, -leinをつけると，「小さな…」の意味の縮小名詞になります。変音する場合が多く，必ず中性になります。

der Mann　男 デア　マン	das Männchen, das Männlein　小男 メンヒェン　　　　メンライン
die Rose　バラ ディー ローゼ	das Röschen, das Röslein　小さなバラ レースヒェン　　　　レースライン

Fräulein [フロイライン]「お嬢さん」も元来はFrau「女」の縮小形，Mädchen [メーチェン]「少女」もMagd「おとめ」の縮小形だったので中性なのです。

§2 冠詞の意味

不定冠詞は聞き手がまだ知らないもの，話の中にはじめて出てきたものにつけ「[ある] 1つの…」の意味です。

Was ist das? これは何ですか。
ヴァス イスト ダス

Das ist ein Hotel. これは [1つの] ホテルです。
ダス   アイン ホテル

注 **Was ist das?**：英 *Waht is this?*。この das は定冠詞ではなく，指示代名詞です。

それに対し，定冠詞は聞き手がすでに知っているもの，話の中にすでに出てきたものにつけ「その…」の意味です。

Das Hotel ist sehr schön. そのホテルは美しい。
          ゼーア シェーン

単語 schön 美しい

定冠詞はまた種属を代表して「そもそも…というものは」の意味にも使われます。

Der Apfel ist eine Frucht.
デア アップフェル アイネ フルフト
リンゴは果物です。

Übung （練習）**1** (eins) CD▶ 7
ユーブング   アインス

A 和訳しましょう。

1. Was ist das? — Das ist ein Garten.
   ヴァス イスト ダス   ダス イスト アイン ガルテン

2. Ist der Garten schön? — Ja, er ist sehr schön.
   デア ガルテン シェーン   ヤー エア ゼーア シェーン

3. Hier ist eine Kirche.
   ヒーア アイネ キルヒェ

4. Ist die Kirche neu? — Nein, sie ist alt.
   ディー キルヒェ ノイ   ナイン ズィー アルト

Lektion 1 名詞の性と冠詞

5. Dort ist ein Haus.
   ドルト　　アイン ハオス

6. Wie ist das Haus? Ist es auch alt? — Nein, es ist neu.
   ヴィー　　ダス ハオス　　　　アオホ アルト　　　ナイン　　　ノイ

7. Die Katze ist ein Tier.
   ディー カッツェ　　アイン ティーア

単語 neu 新しい　　　　alt 古い，老いた　　　　wie どのような，どのように
auch …もまた

B 空所を補って，和訳しましょう。(e＿＿ は不定冠詞，d＿＿ は定冠詞)

1. Hier ist e＿＿＿ Buch.　D＿＿＿ Buch ist dick.
   ヒーア　　　　　　ブーフ　　　　　　　　　　ディック

2. Dort ist e＿＿＿ Schule.　D＿＿＿ Schule ist groß.
   ドルト　　　　　　シューレ　　　　　　　　　　　　グロース

3. D＿＿＿ Leben ist e＿＿＿ Reise.
   　　　　レーベン　　　　　　ライゼ

4. D＿＿＿ Mensch ist e＿＿＿ Wanderer.
   　　　　メンシュ　　　　　　ヴァンデラー

単語 Buch 中 本　　　　　　dick 厚い　　　　　　Schule 女 学校
Leben 中 人生　　　　　Reise 女 旅　　　　　Mensch 男 人間
Wanderer 男 旅人

解答 A
1. これは何ですか。—これは庭です。
2. その庭は美しいですか。—はい，それはとても美しいです。
3. ここに教会があります。
4. その教会は新しいですか。—いいえ，それは古いです。
5. あそこに家があります。
6. その家はどんなですか。それも古いですか。—いいえ，それは新しいです。
7. 猫は動物です。

B
1. ein, Das　ここに本があります。その本は厚い。
2. eine, Die　あそこに学校があります。その学校は大きい。
3. Das, eine　人生は旅です。
4. Der, ein　人間は旅人です。

Lektion 2 (zwei) CD▶8
レクツィオーン　ツヴァイ

動詞の現在形（1）

> **Lernst** du Deutsch? — Nein, ich **lerne** Englisch.
> レルンスト　ドゥー　ドイチュ　　　ナイン　イヒ　レルネ　エングリシュ
> 君はドイツ語を学んでいますか。　　ーいいえ，僕は英語を学んでいます。
>
> Taro **lernt** Deutsch.
> タロー　レルント　ドイチュ
> 太郎がドイツ語を学んでいます。

逐語訳　du 君は　Deutsch 中 ドイツ語を　lernst（＜lernen）学ぶか？
　　　　ー nein いいえ　ich 私は　Englisch 中 英語を　lerne 学ぶ。
　　　　Taro 太郎が　Deutsch 中 ドイツ語を　lernt 学ぶ。

§1　動詞の人称変化

　上の例文には「学ぶ」という意味の動詞が3回使われていますが，lernst, lerne, lernt というように，そのつど形が異なっています。

　英語でも「彼は学ぶ」は *he learn* ではなくて，*he learns* と，いわゆる3単現の *–s* がつきますね。この *–s* にあたるものはドイツ語では –t で，「彼は学ぶ」は er lernt です。

　なお，ドイツ語では3人称だけでなく，他の人称にも語尾がつきます。たとえば「私は学ぶ」は例文にもあるように ich lerne，「君は学ぶ」は du lernst です。このように主語の人称によって動詞の語尾などが変わることを**人称変化**といいます。

> 3単現の *–s* は
> ドイツ語では –t

　ドイツ語の動詞の大部分は lernen のように –en の語尾を持っており，少数の動詞が単に –n に終わっています。

> 不定詞の語尾
> は –en か –n

lernen レルネン	学ぶ	kommen コンメン	来る
trinken トリンケン	飲む	warten ヴァルテン	待つ
tun トゥーン	する	lächeln レッヒェルン	微笑する

Lektion 2 動詞の現在形 (1)

§2 基本的な現在人称変化

ここで lernen を例にして現在形の人称変化を示します。この際注意すべきことは，人称語尾を lernen に直接つけるのではなく，不定詞語尾 –en を除いた語幹につけることです。ドイツ語の動詞の大部分はこの変化をします。

誤	er lernent
正	er **lernt**

　　　　　　　　　　語幹　語尾
　　　　　不定詞　**lern-en**　学ぶ
　　　　　　　　　　レルネン

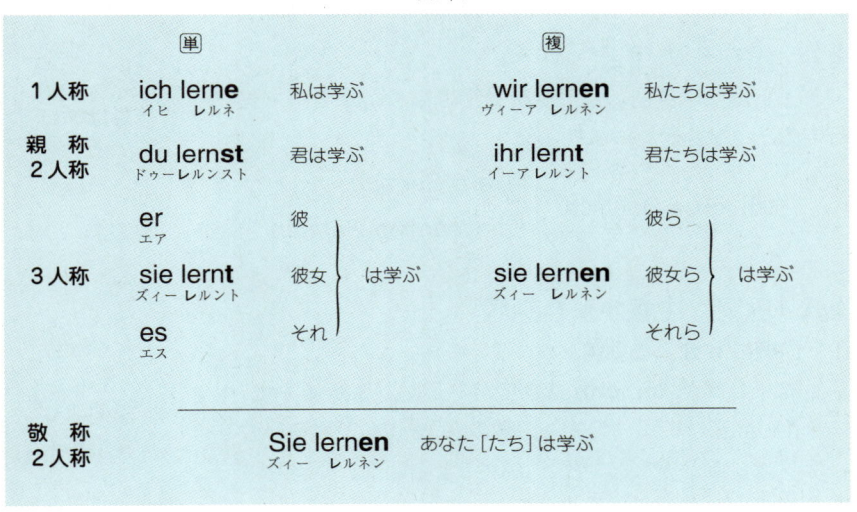

	単		複	
1人称	ich lern**e** イヒ　レルネ	私は学ぶ	wir lern**en** ヴィーア レルネン	私たちは学ぶ
親称 2人称	du lern**st** ドゥーレルンスト	君は学ぶ	ihr lern**t** イーアレルント	君たちは学ぶ
3人称	er エア	彼 ⎫		彼ら ⎫
	sie lern**t** ズィー レルント	彼女 ⎬ は学ぶ	sie lern**en** ズィー レルネン	彼女ら ⎬ は学ぶ
	es エス	それ ⎭		それら ⎭
敬称 2人称		Sie lern**en** ズィー　レルネン	あなた[たち]は学ぶ	

なお，まだ人称変化していない不定詞に対し，主語が定まって人称変化した形を定動詞（または定形）といいます。

動詞の原形　　　：	不定詞
人称変化した形：	定動詞

§3　2種の2人称

上の表でおわかりのように2人称には2種類あります。

親称2人称 du と **ihr** は気兼ねなしで話せる相手，具体的にいうと，親族・親友・恋人等ですが，その他15歳位以下の児童や神，動物に対しても親称2人称を用います。それ以外の者に対しては**敬称2人称 Sie** を単数・複数の区別な

く用います。この Sie は3人称複数の sie「彼ら」を大文字で書いたものなので，変化表ではふつう省きます。また3人称単数は er「彼」で代表させます。そのようにして人称変化の語尾だけを示すと次のようになります。

ich	—**e**	wir	—**en**
du	—**st**	ihr	—**t**
er	—**t**	sie	—**en**

§4　現在形の用法

ドイツ語には英語のような進行形はなく，現在形が進行中のことをも表わします。

進行形はない

Ich **lerne** Deutsch.
イヒ　レルネ　ドイチュ

I learn German.　私はドイツ語を学ぶ。
I am learning German.　私はドイツ語を学んでいる。

§5　語尾に注意すべき動詞

① 口調の e が入る動詞

語幹が **t, d** や **tm, chn** などで終わる動詞は直接 –st, –t をつけると発音しにくいので，口調の **e** を入れて発音しやすくします。なお，ふだんから正しい発音で音読していれば，口調の e などは自然に入るようになります。

規則より音読を！

warten　待つ
ヴァルテン

ich	warte		wir	warten
	イヒ　ヴァルテ			ヴィーア　ヴァルテン
du	wart**e**st		ihr	wart**e**t
	ドゥー　ヴァルテスト			イーア　ヴァルテット
er	wart**e**t		sie	warten
	エア　ヴァルテット			ズィー　ヴァルテン

例語
arbeiten　　働く
アルバイテン
finden　　見つける
フィンデン
atmen　　呼吸する
アートメン
rechnen　　計算する
レヒネン

Er **rechnet** und sie **wartet**.
エア　レヒネット　ウント　ズィー　ヴァルテット
彼は計算し，そして彼女は待っています。

単語　und 英 *and*

Lektion 2 動詞の現在形 (1)

② –n に終わる動詞

不定詞の語尾はたいてい –en ですが，前述のように –n だけのものも少数あります。複数1人称・3人称の（したがって敬称2人称も）定動詞は不定詞と同形ですから，不定詞が –n に終わる動詞はそれらの箇所がやはり –n になります。

lächeln 微笑する
レッヒェルン

ich läch[e]le イヒ レッヒレ	wir lächeln ヴィーア レッヒェルン
du lächelst ドゥー レッヒェルスト	ihr lächelt イーア レッヒェルト
er lächelt エア レッヒェルト	sie lächeln ズィー レッヒェルン

例語

angeln アンゲルン	釣りをする
wechseln ヴェクセルン	替える
wandern ヴァンダーン	ハイキングする
tun トゥーン	する

lächeln など –eln に終わる動詞は1人称単数でカッコ内の e を省きます。wandern「ハイキングする」など –ern に終わる動詞は現代語では e を省かない方がふつうです。

Was **tun** Sie hier? — Ich **wechsle** Geld.
ヴァス トゥーン ズィー ヒーア　　イヒ　ヴェクスレ　ゲルト
あなたはここで何をしているのですか。―私はお金を両替しています。

単語 Geld 中 お金

辞書のひきかた

動詞は不定詞が見出し語になっています。人称変化した形は不規則なもの以外は見出し語になっていませんから，不定詞に戻して調べなければなりません。

たとえば Er **trinkt** という場合，人称語尾 –t をとって，代わりに不定詞語尾 –en をつけて，trinken としてひくわけです。

注意すべきは Ich **angle** など ich ――le となっている時です。その場合不定詞は ――eln ですから，l の前に e を補って angeln として調べて下さい。

Übung 2 (zwei) CD▶9

A 和訳しましょう。

1. Was lernen Sie? — Ich lerne Englisch und Deutsch.

2. Er wartet, aber sie kommt nicht.

3. Was tun Sie hier? — Ich angle.

4. Trinkst du gern Bier? — Ja, ich trinke sehr gern Bier.

5. Wie lange dauert der Flug nach Frankfurt?

6. Wandert ihr gern? — Nein, wir wandern nicht gern.

7. Ich frage, aber sie antworten nicht.

単語 aber 英 *but*   nicht 英 *not*   gern 好んで
      lange 長く   dauern 続く   Flug 男 飛行
      nach …へ   fragen 問う   antworten 答える

B カッコ内の動詞を現在形に変えて，和訳しましょう。（形を変える必要のないものもある）

1. Was (lernen) ihr? — Wir (lernen) Deutsch.

2. Er (fragen) und du (antworten).

3. (weinen) Sie oft? — Nein, ich (lächeln) immer.

4. (wohnen) Frau Müller hier? — Nein, sie (arbeiten) hier.

単語 weinen 泣く   oft しばしば   immer いつも   wohnen 住む

Lektion 2 動詞の現在形 (1)

解答

A 1. あなたは何を学んでいますか。―私は英語とドイツ語を学んでいます。
2. 彼は待っています。しかし彼女は来ません。
3. あなたはここで何をしているのですか。―私は釣りをしています。
4. 君はビールを飲むのが好きですか。―はい，私はとてもビールが好きです。
5. フランクフルトへのフライトはどのくらいの時間がかかりますか。
6. 君たちはハイキングが好きですか。―いいえ，私たちはハイキングが好きではありません。
7. 私は問いますが，しかし彼らは答えません。

B 1. **lernt, lernen** 君たちは何を学んでいますか。―私たちはドイツ語を学んでいます。
2. **fragt, antwortest** 彼は問います。そして君が答えます。
3. **Weinen, lächle** あなたはよく泣きますか。―いいえ，私はいつもほほえんでいます。
4. **Wohnt, arbeitet** ミュラー夫人はここに住んでいるのですか。―いいえ，彼女はここで働いているのです。

形容詞は副詞としても用いる

形容詞	Sie ist **schön**. ズィー　シェーン	彼女は美しい。
副　詞	Sie singt **schön**. 　　ズィングト	彼女は美しく歌う。

Lektion 3 (drei) CD▶10
レクツィオーン　　ドライ

冠詞と名詞の格変化

1格	**Der Vater** kocht heute. デア　ファーター　コホト　ホイテ	父が〈は〉きょう料理をします。
2格	Das ist das Auto **des Vaters**. ダス　イスト　ダス　アオトー　デス　ファータース	これは父の自動車です。
3格	Der Onkel ist **dem Vater** ähnlich. デア　オンケル　イスト　デム　ファーター　エーンリヒ	おじは父に似ています。
4格	Die Mutter liebt **den Vater**. ディー　ムッター　リープト　デン　ファーター	母は父を愛しています。

逐語訳　der Vater 男[1] 父が〈は〉　heute きょう　kocht (＜kochen) 料理する．
　　　　　das これは　des Vaters 男[2] 父の　das Auto 中[1] 自動車　ist です．
　　　　　der Onkel 男[1] おじは　dem Vater 男[3] 父に　ähnlich 似て　ist いる．
　　　　　die Mutter 女[1] 母は　den Vater 男[4] 父を　liebt (＜lieben) 愛している．

§1　冠詞と名詞の格変化

　名詞は「**が・の・に・を**」に相当する4つの格を持っています。「…が」または「…は」にあたるのが1格、「…の」が2格、「…に」が3格、「…を」が4格です。これらの格は，主として冠詞類の格変化によって示されます。

　定冠詞と不定冠詞は次のように格変化します。不定冠詞は定冠詞と比べると，△印の3箇所に語尾がありません。

定冠詞

	男	女	中
1格	der デア	die ディー	das ダス
2格	des デス	der デア	des デス
3格	dem デム	der デア	dem デム
4格	den デン	die ディー	das ダス

不定冠詞

	男	女	中
1格	ein△ アイン	eine アイネ	ein△ アイン
2格	eines アイネス	einer アイナー	eines アイネス
3格	einem アイネム	einer アイナー	einem アイネム
4格	einen アイネン	eine アイネ	ein△ アイン

Lektion 3 冠詞と名詞の格変化

次に冠詞を名詞につけて格変化してみましょう。

	男	女	中
1格	der Vater 父が	die Mutter 母が	das Kind 子供が
2格	des Vaters 父の	der Mutter 母の	des Kindes 子供の
3格	dem Vater 父に	der Mutter 母に	dem Kind 子供に
4格	den Vater 父を	die Mutter 母を	das Kind 子供を

	男	女	中
1格(が)	ein Mann 男	eine Frau 女	ein Mädchen 少女
2格(の)	eines Mannes	einer Frau	eines Mädchens
3格(に)	einem Mann	einer Frau	einem Mädchen
4格(を)	einen Mann	eine Frau	ein Mädchen

§2　2格などについての注意

> **2格の語尾は –es か –s か**

名詞そのものには男性・中性の2格で –es または –s がつくだけです。–es になるか –s になるかは，どちらでもよい場合もありますが，Kind のような1音節の名詞は –es，Vater のような2音節またはそれ以上の場合は –s がふつうです。

2格は

　　　das Auto **des Vaters**　父の自動車

> **2格は他の名詞のあとに置く**

のように，原則として他の名詞のあとに置きます。

なお，慣用句などで男性名詞・中性名詞の3格に –e がつくことがあります。

　　　nach **Haus[e]** kommen　帰宅する

Übung 3 (drei) CD▶11

A 和訳しましょう。

1. Der Sohn zeigt dem Gast den Garten.
2. Die Tochter bringt der Tante ein Foto.
3. Peter ist der Sohn eines Lehrers.
4. Auch der König gehorcht der Grammatik.
5. Die Jugend ist der Frühling des Lebens.
6. Das Leben ist einer Reise ähnlich.
7. Das Mädchen schreibt dem Autor des Buches einen Brief.

単語
Sohn 男 息子
Tochter 女 娘
Foto 中 写真
gehorchen 服従する
Frühling 男 春
Brief 男 手紙
zeigen 示す，見せる
bringen 持って行く
Lehrer 男 教師
Grammatik 女 文法
schreiben 書く
Gast 男 客
Tante 女 おば
König 男 王
Jugend 女 青春
Autor 男 著者

B 空所を補って和訳しましょう。

1. D____ Sohn d____ Arztes studiert Medizin.
2. Sie zeigt e____ Ausländer d____ Weg.
3. E____ Kind zeichnet d____ Gesicht d____ Mutter.
4. D____ Schülerin schreibt d____ Tante e____ Postkarte.

Lektion 3 冠詞と名詞の格変化

単語 Arzt 男 医者
Ausländer 男 外国人
Gesicht 中 顔
studieren (大学で)学ぶ
Weg 男 道
Schülerin 女 女生徒
Medizin 女 医学
zeichnen 線画を描く
Postkarte 女 はがき

解答

A 1. 息子が客に庭を見せる。
2. 娘がおばに写真を持って行く。
3. ペーターは教師の息子です。
4. 王でも文法には服従する。
5. 青春は人生の春です。
6. 人生は旅に似ています。
7. 少女はその本の著者に手紙を書く。

B 1. Der, des　その医者の息子は医学を学んでいる。
2. einem, den　彼女は外国人に道を教える。
3. Ein, das, der　子供が母の顔を(線で)描く。
4. Die, der, eine　その女生徒がおばにはがきを書く。

女性語尾 -in

男性名詞に -inをつけて女性形をつくる場合があります。変音するものもあります。

der Lehrer　教師
レーラー

der Student　大学生
シュトゥデント

der Arzt　医者
アールツト

die Lehrerin　女性教師
レーレリン

die Studentin　女子大生
シュトゥデンティン

die Ärztin　女医
エールツティン

Lektion 4 (vier) CD▶12
レクツィオーン　フィーア

動詞の現在形（2）

Was sind Sie von Beruf? — Ich **bin** Koch.
ヴァス　ズィント　ズィー　フォン　ベルーフ　　　　イヒ　ビン　コッホ
あなたは職業は何ですか。　　　　　　　　　　　　—私はコックです。

Hast du heute Zeit? — Leider nein. Aber Peter **hat**
ハスト　ドゥー　ホイテ　ツァイト　　ライダー　ナイン　アーバ　ペーター　ハット
君はきょう時間がありますか。　　　—残念ですがありません。しかしペーターは

immer Zeit. いつでも時間があります。
インマー　ツァイト

逐語訳　Sie あなたは　von Beruf 男³ 職業 [に関して] は　was 何　sind（<sein）ですか？
— ich 私は　Koch 男¹ コック　bin（<sein）です。
du 君は　heute きょう　Zeit 女⁴ 時間を　hast（<haben）持っているか？
— leider 残念ながら　nein いいえ。　aber しかし　Peter ペーターは　immer いつも
Zeit 女⁴ 時間を　hat（<haben）持っている。

§1　最重要動詞 sein と haben

　sein「ある」は英語の *be* にあたるきわめて重要な動詞ですが，人称変化が全面的に不規則です。haben「持っている」（英 *have*）は du と er〈sie / es〉のところだけが不規則です。

sein ある			
ich	**bin**	wir	**sind**
イヒ	ビン	ヴィーア	ズィント
du	**bist**	ihr	**seid**
ドゥー	ビスト	イーア	ザイト
er	**ist**	sie	**sind**
エア	イスト	ズィー	ズィント

haben 持っている			
ich	**habe**	wir	**haben**
	ハーベ		ハーベン
du	**hast**	ihr	**habt**
	ハスト		ハープト
er	**hat**	sie	**haben**
	ハット		ハーベン

　複数まで不規則な動詞は sein 1語だけで，それ以外の動詞はどれも複数では規則的で，複数1人称と3人称（したがって敬称2人称も）の定動詞は不定詞と同形です。

§2 a → ä 型動詞と e → i[e] 型動詞

du と er〈sie / es〉に対する定動詞の母音が不定詞と異なる動詞があります。母音の変わり方に2通りあって，a が ä に変わる **a → ä 型**（アー・エー型）と e が i または ie に変わる **e → i[e] 型**（エー・イー型）があります。

① a → ä 型動詞

schlafen (a → ä) 眠る

ich	schlafe	wir	schlafen
du	**schläfst**	ihr	schlaft
er	**schläft**	sie	schlafen

例語
- fahren 乗物で行く，乗物が走る
- fallen 落ちる
- tragen 運ぶ，身につけている
- waschen 洗う

Schläfst du noch? — Nein, ich **schlafe** nicht mehr.
君はまだ眠っているのかい。 ―いいえ，僕はもう眠っていません。

単語 noch まだ　nicht mehr もはや…ない

② e → i [e] 型動詞

sprechen (e → i) 話す

ich	spreche	wir	sprechen
du	**sprichst**	ihr	sprecht
er	**spricht**	sie	sprechen

例語
- helfen 助ける
- brechen 破る
- geben 与える
- sterben 死ぬ

Wer **spricht** hier Deutsch? — Wir **sprechen** alle Deutsch.
ここでドイツ語を話すのは誰ですか。 ―私たちはみなドイツ語を話します。

単語 wer 誰が　alle すべての人

sehen (e → ie)　見る
ゼーエン

ich	sehe ゼーエ	wir	sehen ゼーエン
du	siehst ズィースト	ihr	seht ゼート
er	sieht ズィート	sie	sehen ゼーエン

例語
befehlen　命ずる
ベフェーレン
empfehlen　勧める
エムプフェーレン
geschehen　起こる
ゲシェーエン
stehlen　盗む
シュテーレン

Ich **sehe** gut, aber Großvater **sieht** nicht gut.
イヒ　ゼーエ　グート　アーバー　グロースファーター　ズィート　ニヒト　グート
私は目がいい，しかし祖父は目がよくない。

単語　gut よい　Großvater 男 祖父

a → ä 型動詞や e → i[e] 型動詞には子音も不規則になるものがあります。

halten ハルテン	とまる，保つ	ich halte ハルテ	du **hältst** ヘルツト	er **hält** ヘルト
nehmen ネーメン	取る	ich nehme ネーメ	du **nimmst** ニムスト	er **nimmt** ニムト
treten トレーテン	歩む，踏む	ich trete トレーテ	du **trittst** トリッツト	er **tritt** トリット
lesen レーゼン	読む	ich lese レーゼ	du **liest** リースト	er liest リースト

不規則なのは単数のところだけで，複数では規則的です。

§3　重要動詞 werden と wissen

werden は e → i[e] 型の変種です。また wissen は単数の語幹が不定詞と異なり，また ich と er〈sie / es〉のところに語尾がありません。

werden　…になる
ヴェーアデン

ich	werde ヴェーアデ	wir	werden ヴェーアデン
du	wirst ヴィルスト	ihr	werdet ヴェーアデット
er	wird ヴィルト	sie	werden

wissen　(事柄を)知っている
ヴィッセン

ich	weiß ヴァイス	sie	wissen ヴィッセン
du	weißt ヴァイスト	ihr	wisst ヴィスト
er	weiß	sie	wissen

Lektion 4 動詞の現在形 (2)

Was **werdet** ihr? — Ich **werde** Lehrer und Jürgen **wird** Arzt.
ヴァス ヴェーアデット イーア　　イヒ ヴェーアデ レーラー ウント ユルゲン ヴィルト アールツト
　君たちは何になるの。　　　一私は教師になり，そしてユルゲンは医者になります。

Wissen Sie, wo er wohnt? — Nein, ich **weiß** es nicht.
ヴィッセン ズィー ヴォーエア ヴォーント　　　ナイン　イヒ ヴァイス エス ニヒト
　彼がどこに住んでいるか，あなたは知っていますか。―いいえ，知りません。

§4　冠詞をつけない場合

① 物質名詞やそれに準ずるものが不定量を表わすとき。

　　Ich trinke **Bier**.　　私はビールを飲む。
　　イヒ　トリンケ　ビーア

　　Sie hat **Zeit**〈**Hunger / Fieber**〉.　　彼女は暇が〈空腹で/熱が〉ある。
　　ズィー ハット ツァイト　　フンガー　　フィーバー

　　単語 Zeit 囡 時間　Hunger 男 空腹　Fieber 中 熱

② 国籍・身分・職業を表わす名詞が sein「…である」，werden「…になる」
と結んで述語になるとき。

　　Er ist **Japaner**〈**Student / Koch**〉.　　彼は日本人〈大学生／コック〉です。
　　エア イスト ヤパーナー　　シュトゥデント　　コッホ

　　単語 Japaner 男 日本人

　　Bald wirst du **Arzt**.　　まもなく君は医者になる。
　　バルト ヴィルスト ドゥー アールツト

　　単語 bald まもなく

③ 熟語の中の名詞はしばしば無冠詞です。

　　Auto fahren　　自動車を運転する
　　アオトー　ファーレン

　　Platz nehmen　　着席する
　　プラッツ　ネーメン

　　nach **Hause** kommen　　帰宅する
　　ナーハ　ハオゼ　コンメン

　　注 熟語動詞などを不定詞句として挙げる場合には，英語と違って不定詞を最後
　　に置くので，日本語とほぼ同じ語順になります。

辞書のひきかた

Er **fährt** nach Berlin

この文の fährt がわからないとします。er fährt の語尾 –t を –en に変え，fähren を辞書でひいても出ていません。その場合 du, er〈sie / es〉で母音の変わる動詞のことを思い出して，ä を a に戻して fahren としてひけばよいわけです。また，ふつう fährt はそのままで見出し語になっており，そこには fährt → fahren とありますから，はじめのうちはあれこれ考えずに出会った単語の形のままでひいてみるのも1つの方法です。なお上の文で fährt がわからなくても Er「彼は」と nach Berlin「ベルリンへ」がわかっていれば，fährt が「行く」とか「旅行する」とか当たらずといえども遠からずの意味は辞書をひかなくても見当がつくはずです。わからない単語があったからといって，いきなり辞書をひくのでなくて，まず見当をつけたあとで，その見当が当たっているかどうかを辞書で確かめてみるという態度も語学力をつける上で大切なことです。

なお，a → ä 型動詞や e → i [e] 型動詞はいわゆる不規則動詞（→14課§1）に属し，本書や辞書の巻末の変化表に3基本形とともに du, er〈sie / es〉に対する現在形がのっています。

Übung 4 (vier)
ユーブング　フィーア

A　和訳しましょう。

1. Wir sind schon alt. Ihr seid noch jung.
   ヴィーア ズィント ショーン アルト イーア ザイト ノホ ユング

2. Du hast Fieber. Du bist krank.
   ドゥー ハスト フィーバー ドゥービスト クランク

3. Wie fährst du nach Berlin? — Ich fahre per Anhalter.
   ヴィー フェーアスト ドゥー ナーハ ベルリーン　イヒ ファーレ ペル アンハルター

4. Herr Schäfer ist Pessimist und sieht alles schwarz.
   ヘア シェーファー イスト ペスィミスト ウント ズィート アレス シュヴァルツ

   Ich bin Optimist und sehe alles rosa.
   イヒ ビン オプティミスト ウント ゼーエ アレス ローザ

5. Gott weiß alles, aber wir wissen nichts.
   ゴット ヴァイス アレス アーバー ヴィーア ヴィッセン ニヒツ

6. Was wirst du? — Ich werde Lehrer.
   ヴァス ヴィルスト ドゥー　イヒ ヴェーアデ レーラー

Lektion 4 動詞の現在形 (2)

7. Sprichst du Französisch? — Nein, ich spreche nur Deutsch.
   シュプリヒスト ドゥー フランツェーズィッシュ　ナイン イヒ シュプレッヒェ ヌーア ドイチュ

単語
schon すでに　　　　　　jung 若い　　　　　　　krank 病気の
per Anhalter ヒッチハイクで　Herr 男 …氏，紳士　　Pessimist 男 悲観主義者
alles すべての事〈物〉　　schwarz 黒い　　　　　Optimist 男 楽観主義者
rosa バラ色の　　　　　Gott 男 神　　　　　　nichts 英 nothing
Französisch 中 フランス語　nur ただ…だけ

B カッコ内の動詞を現在形に変えて，和訳しましょう。

1. (sein) Sie krank? — Nein, ich (sein) nur müde.
   ズィー クランク　　　ナイン イヒ　　　ヌーア ミューデ

2. Das Kind (wachsen) schnell. Es (essen) viel und (schlafen) lange.
   ダス キント　　　　　シュネル　エス　　　　フィール ウント　　　　　ランゲ

3. Was (sehen) du dort drüben? — Ich (sehen) eine Kirche.
   ヴァス　　　　ドゥー ドルト ドリューベン　イヒ　　　　　　アイネ キルヒェ

4. Er (sein) krank, denn er (haben) Fieber.
   エア　　　　クランク　デン エア　　　　　フィーバー

単語
müde 疲れた　　　　　schnell 速い　　　　　wachsen (a → ä) 成長する
viel 多く　　　　　　dort drüben むこうに　denn というのは

解答　A
1. 私たちはすでに年老いている。君たちはまだ若い。
2. 君は熱がある。君は病気です。
3. 君はどうやってベルリンへ行くのですか。―僕はヒッチハイクで行きます。
4. シェーファー氏はペシミストで，すべてを悲観的に (<黒く) 見ます。僕はオプティミストで，すべてをバラ色に見ます。
5. 神はすべてを知っています。しかし私たちは何も知りません。
6. 君は何になりますか。―僕は教師になります。
7. 君はフランス語を話しますか。―いいえ，僕はドイツ語しか話しません。

B
1. Sind, bin　あなたは病気ですか。―いいえ，私は疲れているだけです。
2. wächst, isst, schläft　その子は速く成長します。その子は沢山食べ，そして長く眠ります。
3. siehst, sehe　君は向こうに何が見えますか。―教会が見えます。
4. ist, hat　彼は病気です。というのは彼は熱があります。

37

基数 1〜19

0	null, Null ヌル		10	zehn ツェーン
1	eins アインス		11	elf エルフ
2	zwei ツヴァイ		12	zwölf ツヴェルフ
3	drei ドライ		13	dreizehn ドライツェーン
4	vier フィーア		14	vierzehn フィアツェーン
5	fünf フュンフ		15	fünfzehn フュンフツェーン
6	sechs ゼックス		16	sechzehn ゼヒツェーン
7	sieben ズィーベン		17	siebzehn ズィープツェーン
8	acht アハト		18	achtzehn アハツェーン
9	neun ノイン		19	neunzehn ノインツェーン

注 14 (vierzehn) は vier- を短く [フィア] または [フィル] と発音します。
16 (sechzehn) は前半が sechs- でなく sech- [ゼヒ] です。
18 (achtzehn) はtを舌ではじかず [アハツェーン] と読みます。
なお，以上の注意は40，60，80にもあてはまります。

Lektion 5 (fünf) CD▶15
レクツィオーン　　フュンフ

定動詞の位置

主文　　Er **spielt** gern Tennis.　　彼はテニスをするのが好きです。
　　　　エア シュピールト ゲルン　テニス

副文　　Wir wissen, *dass* er gern Tennis **spielt**.
　　　　ヴィーア ヴィッセン　ダス エア ゲルン　テニス　シュピールト
　　　　彼がテニスをするのが好きなことを，私たちは知っています。

逐語訳　er 彼は　gern 好んで　Tennis 中⁴ テニスを　spielt（＜spielen）プレイする。
　　　　　　er 彼が　gern 好んで　Tennis 中⁴ テニスを　spielt プレイする　dass こと を
　　　　　　wir 私たちは　wissen 知っている。

§1　定動詞第2位

次の文の lernt「学ぶ」という定動詞の位置に注目して下さい。

Er	**lernt**	jetzt Deutsch.	彼は今ドイツ語を学んでいる。
エア	レルント	イェッツト ドイチュ	
Jetzt	**lernt**	er Deutsch.	今彼はドイツ語を学んでいる。
イェッツト			
Englisch	**lernt**	er nicht.	英語を彼は学んでいない。
エングリッシュ		ニヒト	
Was	**lernt**	er?	彼は何を学んでいるか。
ヴァス			

文頭にあるのは er「彼は」（主語），jetzt「今」（副詞），Englisch「英語を」（目的語），was「何を」（疑問詞）とさまざまな種類の語です。ところが定動詞 lernt だけは常に2番目に置かれています。これが有名な**定動詞第2位の原則**です。

> 定動詞はいつも2番目

§2　定動詞第1位

疑問詞のない疑問文では定動詞を文頭に置き，その次に主語を置きます。疑問文や否定文には英語の *do* や *does* のような助動詞を用いません。

　　　　Trinken Sie Milch?　　あなたは牛乳を飲みますか。
　　　　トリンケン　ズィー　ミルヒ

敬称2人称 Sie や wir に対する命令文もこれと同じ語順です。

Trinken Sie Milch!　　牛乳を飲みなさい。

Trinken wir Milch!　　牛乳を飲もう。
　　　　ヴィーア

§3　定動詞文末

以上述べた定動詞第2位, 第1位は主文 (主節) の場合のことでした。こんどは副文 (従属節) の場合です。では副文とは何でしょうか。

　　　┌──主文──┐　┌────副文────┐
　　　Ich angle immer hier, *wenn* das Wetter schön **ist**.
　　　　アングレ　インマー　ヒーア　ヴェン　　　ヴェッター　シェーン
　　　天気がいいときには, 私はいつもここで釣りをします。

単語　Wetter 中 天候

この文は Ich angle immer hier「私はいつもここで釣りをする」と, wenn das Wetter schön ist「天気がいいときには」という2つの文から成り立っていますが, これらの文は対等ではありません。

wenn 以下の文はこれだけでは完結せず, Ich angle immer hier という主文に接続してはじめて完結するのです。このように主文に接続してはじめて完結する文を副文と呼びます。そして副文を主文に結びつけている wenn「…するとき」（英 *when*）は**従属接続詞**です。このような従属接続詞に導かれる副文では定動詞は文末に置かれて日本語とほぼ同じ語順になります。

> 副文の語順は
> 日本語と同じ

従属接続詞

dass …ということ ダス	**weil** …だから ヴァイル
wenn ［もし］…ならば, …するとき ヴェン	**obwohl** …にもかかわらず オプヴォール
ob …かどうか オップ	**während** …する間 ヴェーレント
bis …するまで ビス	**bevor** …する前に ベフォーア
nachdem …したあとで ナーハデーム	**damit** …するために　　*etc.* ダミット

Lektion 5 定動詞の位置

Der Vater lobt die Tochter, *weil* sie der Mutter **hilft**.
デア ファーター ロープト ディー トホター ヴァイルズィー デア ムッター ヒルフト
娘が母の手伝いをするので，父は娘をほめる。

単語 loben ほめる

Er liest zu Hause, *obwohl* das Wetter schön **ist**.
エア リースト ツー ハオゼ オプヴォール ヴェッター シェーン
天気がいいのに，彼は家で読書する。

単語 zu Hause 家で

なお，wann「いつ」，wo「どこで」など疑問詞も従属接続詞の働きを兼ねて副文を導くことができます。

Ich weiß nicht, *wo* er immer **angelt**.
イヒ ヴァイス ニヒト ヴォーエア インマー アンゲルト
彼がいつもどこで釣りをするか，私は知りません。

並列接続詞

und そして	aber しかし	oder あるいは
ウント	アーバー	オーダー
denn というのは	(nicht ... ,) sondern (でなく) て	
デン	ニヒト ゾンダーン	

上の語は文の要素ではなく，コンマを文字にしたようなものなので，文頭にあっても後続文の語順に影響を与えません。

Du wirst Arzt **und** ich werde Pilot.
ヴィルスト アールツト ウント ヴェーアデ ピロート
君は医者になり，そして僕はパイロットになります。

Er wartet, **aber** sie kommt nicht.
ヴァルテット アーバー ズィー ニヒト
彼は待っている，しかし彼女は来ません。

Er kommt heute nicht, **denn** er ist krank.
ホイテ ニヒト デン クランク
彼はきょう来ません。というのは彼は病気なのです。

Übung 5 (fünf) CD▶16

A 和訳しましょう。

1. Seit April studiere ich Chemie.

2. „Schön ist die Jugend." Das ist der Titel einer Erzählung von Hermann Hesse.

3. Ich weiß, dass Sie gern Rock hören.

4. Er bleibt zu Hause, weil das Wetter schlecht ist.

5. Wenn die Sonne hoch steht, ist* der Schatten kurz.

6. Warten Sie bitte hier, bis er kommt!

7. Das Kind spielt draußen, während die Mutter das Essen kocht.

注 ..., **ist der Schatten kurz**: 副文に先行された主文の定動詞（ここでは ist）は副文の直後に置かれます。

単語
seit …以来
Chemie 囡 化学
von …の
bleiben とどまる
hoch 高い
kurz 短い
Essen 田 食事
April 男 4月
Titel 男 題名
Rock 男 ロック
schlecht 悪い
stehen 立っている
bitte どうぞ
kochen 料理をする
studieren （大学で）学ぶ
Erzählung 囡 物語
hören 聞く
Sonne 囡 太陽
Schatten 男 影
draußen 外で

B 下線部を文頭に置き換えて，和訳しましょう。

1. Ich spiele nachmittags Tennis.

2. Auch der König gehorcht der Grammatik.

3. Ich höre sehr gern Rock.

Lektion 5 定動詞の位置

4. Wir wohnen hier schon lange.
   ヴィーア ヴォーネン ヒーア ショーン ランゲ

C カッコ内の接続詞を用いて，それぞれ2文を結合し，和訳しましょう。

1. Wissen Sie?
   ヴィッセン
   Hält der Zug in Heidelberg?
   ヘルト ツーク ハイデルベルク
   (ob)
   オップ

2. Das Kind wächst schnell.
   キント ヴェクスト シュネル
   Es isst viel.
   イスト フィール
   (weil)
   ヴァイル

3. Du wirst zuckerkrank.
   ヴィルスト ツッカー・クランク
   Du nimmst so viel Zucker.
   ニムスト ゾーフィール ツッカー
   (wenn)
   ヴェン

4. Er arbeitet draußen.
   エア アルバイテット ドラオセン
   Das Wetter ist schlecht.
   ヴェッター シュレヒト
   (obwohl)
   オブヴォール

単語 nachmittags 午後に　　Zug 男 列車　　zuckerkrank 糖尿病の
so 英 so　　Zucker 男 砂糖

解答

A 1. 4月以来私は化学を(大学で)学んでいる。
2. 「青春は美わし」。これはヘルマン・ヘッセの物語の題名です。
3. あなたがロックを聞くのが好きなことを，私は知っています。
4. 天気が悪いから，彼は家にとどまります。
5. 太陽が高く昇っている時には，影は短い。
6. 彼が来るまで，どうぞここで待っていて下さい。
7. 母が食事をつくっている間，子供は外で遊んでいる。

B 1. Nachmittags spiele ich Tennis.　午後には私はテニスをします。
2. Der Grammatik gehorcht auch der König.　文法には王でさえ服従する。
3. Rock höre ich sehr gern.　ロックを聞くのが私はとても好きです。
4. Schon lange wohnen wir hier.　既に長い間私たちはここに住んでいます。

C 1. Wissen Sie, ob der Zug in Heidelberg hält?
   その列車がハイデルベルクに止まるかどうか，あなたは知っていますか．
2. Das Kind wächst schnell, weil es viel isst.
   その子は沢山食べるので，速く成長します．
3. Du wirst zuckerkrank, wenn du so viel Zucker nimmst.
   君はそんなに沢山砂糖をとると，糖尿病になります．
4. Er arbeitet draußen, obwohl das Wetter schlecht ist.
   天気が悪いのに，彼は外で働いています．

Lektion 6 (sechs) CD▶17
ゼックス

定冠詞類と不定冠詞類

> **Welcher** Zug fährt nach München, **dieser** oder **jener**?
> ヴェルヒャー　ツーク　フェーアト　ナーハ　ミュンヒェン　　ディーザー　　オーダー　イェーナー
> どの列車がミュンヒェン行きですか，この列車ですか，あの列車ですか。
>
> **Mein** Vater hat **kein** Auto. Er hat nur ein Fahrrad.
> マイン　ファーター　ハット　カイン　アオトー　エア　ハット　ヌーア　アイン　ファール・ラート
> 私の父は自動車を持っていません。自転車だけです。

逐語訳　welcher どの　Zug 男¹ 列車が　nach München ミュンヒェンへ　fährt（＜fahren）行くか，dieser [Zug] この列車か　oder あるいは　jener [Zug] あの列車か？mein 私の　Vater 男¹ 父は　Auto 中⁴ 自動車を　hat（＜haben）持ってい　kein ない。er 彼は　ein Fahrrad 中⁴ 自転車　nur だけ　hat 持っている。

§1　定冠詞類（**dieser** 型）

次の語は定冠詞とほぼ同じ格変化をするので，定冠詞類と呼ばれます。

dieser ディーザー	この		**jener** イェーナー	あの
mancher マンヒャー	かなり多くの，いくつかの		**solcher** ゾルヒャー	そんな
jeder イェーダー	おのおのの，どの…も		**aller** アラー	すべての
welcher? ヴェルヒャー	どの			

	男	女	中
1格	-er	-e	-es
2格	-es	-er	-es
3格	-em	-er	-em
4格	-en	-e	-es

中性1格，4格は定冠詞と違って **–as** ではなく **–es** です。

次に dieser を名詞につけて格変化させてみましょう。

	男 この父	女 この母	中 この子供
1格（が）	dieser Vater ディーザー ファーター	diese Mutter ディーゼ ムッター	dieses Kind ディーゼス キント
2格（の）	dieses Vaters ディーゼス ファータース	dieser Mutter ディーザー	dieses Kindes ディーゼス キンデス
3格（に）	diesem Vater ディーゼム	dieser Mutter ディーザー	diesem Kind ディーゼム
4格（を）	diesen Vater ディーゼン	diese Mutter ディーゼ	dieses Kind ディーゼス

§2　不定冠詞類（mein 型）

次の語は不定冠詞 ein と同じく，△印の3箇所で語尾を欠くので，不定冠詞類と呼ばれます。

否定冠詞	**kein** カイン	［1つも］ない　英 *no, not a, not any*			
所有冠詞	**mein** マイン	私の （＜ich）	**unser** ウンザー	私たちの （＜wir）
	dein ダイン	君の （＜du）	**euer** オイアー	君たちの （＜ihr）
	sein ザイン	彼の （＜er）		
	ihr イーア	彼女の （＜sie）	**ihr** イーア	彼らの （＜sie）
	sein ザイン	それの （＜es）	**Ihr** イーア	あなた［たち］の （＜Sie）

	男	女	中
1格	△	-e	△
2格	-es	-er	-es
3格	-em	-er	-em
4格	-en	-e	△

Lektion 6　定冠詞類と不定冠詞類

meinを名詞と一緒に格変化させてみましょう。

	男 私の友人	女 私の女友達	中 私のお金
1格（が）	mein△ Freund マイン　フロイント	meine Freundin マイネ　フロインディン	mein△ Geld マイン　ゲルト
2格（の）	meines Freundes マイネス　フロインデス	meiner Freundin マイナー	meines Geldes マイネス　ゲルデス
3格（に）	meinem Freund マイネム	meiner Freundin マイナー	meinem Geld マイネム
4格（を）	meinen Freund マイネン	meine Freundin マイネ	mein△ Geld マイン

unser「私たちの」, euer「君たちの」は –er に終わっていますが dieser 型ではなくて，mein 型です。したがって unser, unses, unsem, unsen ではなく unser△, unseres, unserem, unseren のように格変化します。

なお，euer は語尾がつくと，次のように e がふつう脱落します。

　　　eueres → eures, euerem → eurem, eueren → euren *etc.*

Eure Lehrerin ist die Schwester **unseres** Lehrers.
オイレ　レーレリン　　　ディー　シュヴェスター　　ウンゼレス　　レーラース
　　　君たちの（女の）先生は僕たちの先生の姉〈妹〉です。

　　単語　Lehrerin 女 女教師　　Schwester 女 姉〈妹〉

§3　疑問詞

①　疑問代名詞 wer と was

wer（英 *who*）は人に関して用い，was（英 *what*）は事物について用います。

1格	wer ヴェーア	誰が		1格	was ヴァス	何が
2格	wessen ヴェッセン	誰の		2格	なし	
3格	wem ヴェーム	誰に		3格	なし	
4格	wen ヴェーン	誰を		4格	was	何を

Wer ist jener Herr dort? **Was** ist er von Beruf?
ヴェーア イスト イェーナー ヘア ドルト　ヴァス イスト エア フォン ベルーフ
あそこのあの男の方は誰ですか。　彼は職業は何ですか。

② **was für ein**（英 *what kind of*）

「どんな[種類の]」の意味です。ein の部分は次に来る名詞の性や格によって変化します。また was と für が離れていることがあります。

Was für einen Sport treiben Sie?
ヴァス フューア アイネン　シュポルト　トライベン ズィー
Was treiben Sie **für einen** Sport?

あなたはどんなスポーツをしますか。

単語　Sport 男　　treiben 行なう

物質名詞や複数名詞の前では ein をつけません。

Was für Wein trinkst du gern?　君はどんなワインが好きですか。
ヴァス フューア ヴァイン トリンクスト ドゥー ゲルン

Was für Bücher lesen Sie?　あなたはどんな本を読みますか。
　　　　　ビューヒャー　レーゼン ズィー

注　**Bücher**：Buch 中 の複数形。

③ **疑問副詞**

おもなものは次のとおりです。すべて w ではじまっています。

wann ヴァン	いつ	warum ヴァルム	なぜ	wie ヴィー	どのように	
wo ヴォー	どこで	wohin ヴォヒン	どこへ	woher ヴォヘーア	どこから	*etc.*

Warum wechselst du so oft deinen Beruf?
ヴァルム　　ヴェクセルスト ドゥー ゾー オフト ダイネン ベルーフ
なぜ君はそうしばしば職業をかえるのですか。

Lektion 6 定冠詞類と不定冠詞類

Übung 6 (sechs) CD▶18

A 和訳しましょう。

1. Dieser Briefträger kennt jedes Haus jenes Dorfes.
2. Manches Kind gehorcht dem Vater, aber nicht der Mutter.
3. Alle wissen, dass solche Liebe nicht lange dauert.
4. Wer ist dieser Herr? — Das ist mein Onkel.
5. Wessen Auto ist das? — Es gehört unserem Lehrer.
6. Wem hilft das Kind? — Es hilft seinem Vater.
7. Wen liebt seine Schwester? — Sie liebt den Sohn ihres Lehrers.
8. Wie ist Ihr Name? — Mein Name ist Fritz Müller.

単語 Briefträger 男 郵便配達夫　　kennen (人・物を)知っている　　Dorf 中 村
Liebe 愛　　gehören 属する，…のものである
Name 男 名前

B 語尾を補って，和訳しましょう。（補う必要のないものは×印をつける）

1. Welch＿＿ Auto kaufen Sie, dies＿＿ oder jen＿＿?
2. Welch＿＿ Jahreszeit liebst du? — Ich liebe jed＿＿ Jahreszeit.
3. Solch＿＿ Musik hört sie nicht gern.
4. Mein＿＿ Onkel gibt sein＿＿ Tochter kein＿＿ Geld.
5. Wo ist euer＿＿ Heimat? — Unser＿＿ Heimat ist München.

単語 kaufen 買う　　　Jahreszeit 女 季節　　　Musik 女 音楽
　　　Tochter 女 娘　　　Heimat 女 故郷

解答

A
1. この郵便配達夫はあの村のどの家をも知っています。
2. かなり多くの子供が父親の言うことはききが，母親の言うことはききません。
3. そんな愛が長くは続かないことを，みんな知っています。
4. この男の方は誰ですか。―これは私のおじです。
5. これは誰の自動車ですか。―それは私たちの先生のものです。
6. その子は誰の手伝いをしますか。―その子は父親の手伝いをします。
7. 彼の姉〈妹〉は誰を愛していますか。―彼女は彼女の先生の息子を愛しています。
8. あなたのお名前は何といいますか。―私の名前はフリッツ・ミュラーです。

B
1. **Welches, dieses, jenes** あなたはどの自動車を買うのですか，これですか，あれですか。
2. **Welche, jede** 君はどの季節が好きですか。―私はどの季節も好きです。
3. **Solche** そのような音楽を彼女は好みません。
4. **Mein×, seiner, kein×** 私のおじは彼の娘にお金を与えません。
5. **eure, unsere** 君たちの故郷はどこですか。―私たちの故郷はミュンヒェンです。

不定代名詞 man

manは漠然と人を表わし，英語の *they, people, one* などに相当します。「人は」「人びとは」という意味ですが，なるべく訳さない方がいいでしょう。

Wie sagt man das auf Deutsch?
ヴィー ザークト　　　　　　アオフ ドイチュ

それはドイツ語で何と言いますか。

Man vergisst seine Sorgen, wenn man schläft.
マン　フェアギスト ザイネ　ゾルゲン　ヴェン　マン　シュレーフト

眠っているときには心配事を忘れる。

なお，man は er で受けることができず，何べんでも man を繰り返します。

Lektion 7 (sieben) CD▶19
ズィーベン

名詞の複数形

> Haben Sie **Kinder**? — Ja, wir haben ein **Kind**.
> ハーベン ズィー キンダー ヤー ヴィーア アイン キント
> お子さんはおありですか。 —ええ，1人います。

逐語訳　Sie あなた[たち]は　Kinder 複⁴（＜Kind 中）子どもたちを　haben 持っているか？
— ja はい，　wir 私たちは　ein Kind 中⁴ 1人の子供を　haben 持っている。

§1　4種の複数形

　英語の名詞は原則として単数形に –s をつけて複数形をつくりますが，なかには *child – children, mouse – mice* のような例外もあります。

　ドイツ語にも Auto「自動車」– Autos のように –s をつけて複数形をつくる名詞もないではありませんが，それはむしろ例外的で，大部分は Kind「子供」– Kinder, Maus [マォス]「ハツカネズミ」– Mäuse [モィゼ] のように一見不規則ふうです。でも不規則のように見えるドイツ語の複数形も整理してみると，次の4つの型に分類できます。

S式複数形は例外的

	単		複
無語尾式	der Onkel オンケル	おじ	die Onkel
E 式	der Fisch フィッシュ	魚	die Fische フィッシェ
ER 式	das Buch ブーフ	本	die Bücher ビューヒャー
[E]N 式	die Tante タンテ	おば	die Tanten タンテン

　どんな名詞が，どの式の複数形を持つかということにはある程度の規則もあり，また慣れるにつれて，だんだん見当がつくようになりますが，はじめのうちは1つでも多くの名詞について単数形と複数形を覚えることが大切です。

① 無語尾式

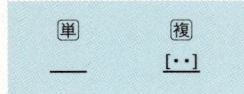

単	複
―	[¨]

単数形に何も語尾をつけずに複数形をつくります。変音するものとしないものがあります。
 –el, –en, –er の語尾を持つ男性名詞・中性名詞はほとんどが無語尾式です。

	単		複
	der Onkel _{オンケル}	おじ	die Onkel
	das Fenster _{フェンスター}	窓	die Fenster
	der Garten _{ガルテン}	庭	die Gärten _{ゲルテン}
	der Bruder _{ブルーダー}	兄〈弟〉	die Brüder _{ブリューダー}

② E式

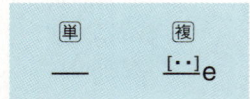

単	複
―	[¨]e

単数形に –e をつけて複数形をつくります。変音するものとしないものがあります。
 1音節の男性名詞はたいていE式です。

der Fisch _{フィッシュ}	魚	die Fische _{フィッシェ}
der Tag _{ターク}	日	die Tage _{ターゲ}
der Gast _{ガスト}	客	die Gäste _{ゲステ}
der Sohn _{ゾーン}	息子	die Söhne _{ゼーネ}

③ ER式

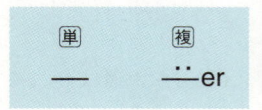

単	複
―	¨er

単数形に –er をつけて複数形をつくります。a, o, u, au は必ず変音します。
 1音節の中性名詞はたいていER式です。

das Buch _{ブーフ}	本	die Bücher _{ビューヒャー}
das Land _{ラント}	国	die Länder _{レンダー}

Lektion 7 名詞の複数形

der Mann	男	die Männer
マン		メンナー
das Ei	卵	die Eier
アイ		アイアー

④ **[E]N式**

単	複
—	—[e]n

単数形に –en または –n をつけて複数形をつくります。絶対に変音しません。

女性名詞の多くは[E]N式です。

die Frau	女	die Frauen
フラオ		フラオエン
die Tür	ドア	die Türen
テューア		テューレン
die Tante	おば	die Tanten
タンテ		タンテン
die Schwester	姉〈妹〉	die Schwestern
シュヴェスター		シュヴェスターン

Tante や Schwester など e を含む語尾を持つ名詞は –n だけをつけます。

辞書のひきかた

名詞は見出し語の次に 男 女 中 または *m. f. n.* の記号で性が示され，その次に単数2格形と複数1格形が出ています。

Onkel [ɔ́ŋkəl] 男（または *m.*）–s/–
Tante [tántə] 女（または *f.*）　–/–n
Buch [buːx] 中（または *n.*）　–[e]s/Bücher

たとえば，Onkel は男性で単数2格が Onkels，複数1格が Onkel であることがこれでわかります。

Buch の場合，中性で単数2格が Buches または Buchs，複数1格が Bücher だということです。

§2 複数形の格変化

　冠詞類は複数になると，性の区別はもはやなくなり，定冠詞は **die**, **der**, **den**, **die**，また dieser 型も mein 型も同じ語尾 **–e**, **–er**, **–en**, **–e** になります。これらは女性単数の語尾に似ていますが，複数3格は –er ではなく，–en です。

単	1格	der Onkel おじ デア オンケル	dieses Buch この本 ディーゼス ブーフ	meine Tante 私のおば マイネ　タンテ
複	1格（が）	die Onkel ディー	diese Bücher ディーゼ ビューヒャー	meine Tanten マイネ　　タンテン
	2格（の）	der Onkel デア	dieser Bücher ディーザー	meiner Tanten マイナー
	3格（に）	den Onkel**n** デン　オンケルン	diesen Bücher**n** ディーゼン ビューヒャーン	meinen Tanten△ マイネン
	4格（を）	die Onkel ディー	diese Bücher ディーゼ	meine Tanten マイネ

複数3格には –n をつける　　複数名詞そのものには3格で –n をつけます。ただし，Tanten のように複数1格が n に終わっているものには –n を重ねません。

§3 男性弱変化名詞

　[E]N式の名詞には女性名詞が多いのですが，なかには男性のものもあります。[E]N式の男性名詞は大部分が単数2格で –es や –s の語尾にならず，単数1格以外すべて –en または –n の語尾になります。

	単	複
1格	der Mensch 人間 　　　メンシュ	die Menschen
2格	des Menschen 　　　メンシェン	der Menschen
3格	dem Menschen	den Menschen
4格	den Menschen	die Menschen

Lektion 7 名詞の複数形

このような名詞は単調な変化をすることで，**男性弱変化名詞**と呼ばれます。

Der Mensch ist **dem Menschen** ein Wolf. Das heißt: Der Feind
デア　　メンシュ　　　　　メンシェン　　アインヴォルフ　　ハイスト　　　　　ファイント
des Menschen ist **der Mensch**.

人間は人間にとって狼である。これは，人間の敵は人間だということです。

単語　Wolf 男 狼　heißen …という意味である，…ということである
　　　Feind 男 敵

男性弱変化名詞は大部分が人や動物を表わし，辞書では次のように記されています。

Student 男 –en/–en 大学生	Franzose 男 –n/–n	フランス人
シュトゥデント	フランツォーゼ	
Pilot 男 –en/–en パイロット	Junge 男 –n/–n	少年
ピロート	ユンゲ	
Patient 男 –en/–en	Chirurg 男 –en/–en	外科医
パツィエント	ヒルルク	
Affe 男 –n/–n 猿	Herr 男 –n/–en*	紳士，主人，…氏
アッフェ	ヘア	

注　Herr は少し変則で，単数2・3・4格が Herrn [ヘルン]，複数は全格 Herren [ヘレン] となります。

Übung 7 (sieben) CD▶20
　　　　　　　　ズィーベン

A 和訳しましょう。

1. Der Plural von Auto ist Autos. Der Plural von Wagen ist Wagen.
   プルーラール フォン アオトー　アオトース　　　　　　　　　　ヴァーゲン

2. Welche Blume nennt man die Königin der Blumen?
   ヴェルヒェ ブルーメ ネント マン　　ケーニギン　　ブルーメン

3. Der Hai ist ein Fisch. Der Wal und der Delphin sind aber keine
   ハイ　　　　フィッシュ　　ヴァール ウント　デルフィーン ズィント アーバー カイネ

   Fische.
   フィッシェ

4. Meine Schwester hat keine Kinder. Sie gibt unseren Kindern oft
   マイネ　シュヴェスター ハット カイネ　キンダー　　ギープト ウンゼレン　キンダーン オフト

Geschenke.
ゲシェンケ

5. Die Dächer dieser Häuser sind rot.
   デッヒャー ディーザー ホイザー ズィント ロート

6. Der Vater dieses Piloten ist auch Pilot.
   ファーター ディーゼス ピローテン アオホ ピロート

7. Der Chirurg operiert den Patienten. Der Patient dankt dem
   ヒルルク オペリーアト パツィエンテン パツィエント

   Chirurgen.
   ヒルルゲン

単語 Plural 男 複数　　　Wagen 男 車　　　nennen …と名付ける，…と呼ぶ
　　 Königin 女 女王　　Hai 男 サメ　　　Wal 男 鯨
　　 Delphin 男 イルカ　Geschenk 中 プレゼント　Dach 中 屋根
　　 rot 赤い　　　　　operieren 手術する　danken 礼を言う

B 文中の名詞を複数形に変えてから，和訳しましょう。（必要に応じて動詞
その他の部分も変える）

1. Ich kaufe ein* Buch, eine Zeitung und ein Heft.
   カオフェ アイン ブーフ ツァイトゥング ウント

2. Auch ein Arzt wird krank.
   アオホ アールツト ヴィルト クランク

3. Ein Kind ist einem Engel ähnlich.
   キント エンゲル エーンリヒ

4. Der Vater dieses Jungen ist Fischer.
   ファーター ユンゲン フィッシャー

5. Der Berg ist hoch und das Tal ist tief.
   ベルク ホーホ ウント タール ティーフ

注 不定冠詞には複数形がないので，不定冠詞つきの名詞は複数になると無冠詞になります。

単語 （カッコ内は複数形を示します）
　　 kaufen 買う　　　　Zeitung 女 (−en) 新聞　　Heft 中 (−e) ノート
　　 Arzt 男 (⸚e) 医者　 Engel 男 (−) 天使　　　　Vater 男 (⸚) 父
　　 Fischer 男 (−) 漁師　Berg 男 (−e) 山　　　　　Tal 中 (⸚er) 谷
　　 tief 深い

Lektion 7 名詞の複数形

解答

A 1. Auto（自動車）の複数形は Autos です。Wagen（車）の複数形は Wagen です。
2. どの花を花々の女王と呼びますか。
3. サメは魚です。鯨とイルカはしかし魚ではありません。
4. 私の姉＜妹＞には子供がいません。彼女は私たちの子供たちによくプレゼントをくれます。
5. これらの家々の屋根は赤い。
6. このパイロットの父もパイロットです。
7. 外科医が患者を手術します。患者は外科医に礼を言います。

B 1. Ich kaufe Bücher, Zeitungen und Hefte.
   私は本，新聞そしてノートを買います。
2. Auch Ärzte werden krank.
   医者たちも病気になります。
3. Kinder sind Engeln ähnlich.
   子供たちは天使たちに似ています。
4. Die Väter dieser Jungen sind Fischer.
   この少年たちの父たちは漁師です。
5. Die Berge sind hoch und die Täler sind tief.
   山々は高くそして谷々は深い。

Lektion 8 (acht) CD▶21
アハト

人称代名詞

> **Ich** liebe **dich**, aber **du** liebst nicht **mich**, sondern **ihn**.
> イヒ　リーベ　ディヒ　アーバー　ドゥー　リープスト　ニヒト　ミヒ　ゾンダーン　イーン
> 僕は君を愛しているが，君は僕でなく彼を愛している。

逐語訳　ich 私は　dich 君を　liebe（＜lieben）愛している，aber しかし　du 君は　mich 私を　nicht ではなく　sondern て　ihn 彼を　liebst 愛している。

§1　人称代名詞の格変化

　いままで出て来た人称代名詞は主として1格形だけでしたが，ここで他の格も学ぶことにしましょう。人称代名詞の2格は現代ドイツ語ではほとんど使われないので，代わりに所有冠詞を入れてあります。これが英語の *my, your* など人称代名詞の所有格に相当するものです。

		1人称	親称 2人称	3人称		
単	1格（が）	ich 私 イヒ	du 君 ドゥー	er 彼 エア	sie 彼女 ズィー	es それ エス
	所有冠詞（の）	*mein* マイン	*dein* ダイン	*sein* ザイン	*ihr* イーア	*sein* ザイン
	3格（に）	mir ミーア	dir ディーア	ihm イーム	ihr イーア	ihm イーム
	4格（を）	mich ミヒ	dich ディヒ	ihn イーン	sie ズィー	es エス
複	1格（が）	wir 私たち ヴィーア	ihr 君たち イーア		sie 彼ら ズィー	
	所有冠詞（の）	*unser* ウンザー	*euer* オイアー		*ihr* イーア	
	3格（に）	uns ウンス	euch オイヒ		ihnen イーネン	
	4格（を）	uns ウンス	euch オイヒ		sie ズィー	

敬称2人称はもちろん3人称複数形を大書した Sie, *Ihr*, Ihnen, Sie です。

Lektion 8 人称代名詞

§2　3格と4格の語順

「ある人にある物を与える」などという場合，3格も4格も名詞のときには原則として3格・4格の語順です。両方とも人称代名詞のときは4格・3格の語順になります。

> Ich gebe **dem Schüler das Buch**.　私はその生徒にその本を与える。
> 　　　ゲーベ　　シューラー　　ブーフ
>
> Ich gebe **es** **ihm**.　私はそれを彼に与える。
> 　　　　　　　　　　イーム

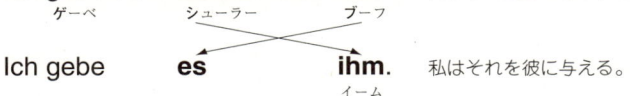

一方が名詞で一方が人称代名詞のときは，人称代名詞の方を先にします。ドイツ語では人称代名詞のように軽い語はなるべく前に出す傾向があります。

> Ich gebe **ihm** das Buch.　私は彼にその本を与える。
>
> Ich gebe **es** dem Schüler.　私はそれをその生徒に与える。

人称代名詞の3格と4格の例文をもう少し挙げておきましょう。

> Ich danke **Ihnen** herzlich.
> 　　　　　イーネン　ヘルツリヒ
> 私はあなたに心から感謝します。

　単語　herzlich 心からの

> Wir helfen **euch**, wenn ihr **uns** helft.
> 　　　　　オイヒ　　ヴェン　　ウンス
> 君たちがわれわれを手伝うなら，われわれは君たちを手伝う。

> Besuchen Sie **mich** bitte einmal !
> ベズーヘン　　　ミヒ　ビッテ　アインマール
> どうぞ一度私をお訪ね下さい。

　単語　besuchen 訪問する　einmal いつか，一度，かつて

> Ich kaufe einen Ring und schenke **ihn ihr**.
> 　　　カオフェ　　　リング　　　　シェンケ　イーン イーア
> 私は指輪を買い，それを彼女にプレゼントする。

　単語　Ring 男 指輪　schenken 贈る

§3 非人称動詞

「雨が降る」というような自然現象を表わす場合には，der Regen「雨」のような名詞を主語にしないで，いわゆる非人称の es を主語にして表現するのがふつうです。

Es regnet. レーグネット	雨が降る。	Es schneit. シュナイト	雪が降る。
Es donnert. ドンナート	雷鳴がする。	Es dunkelt. ドゥンケルト	暗くなる。
Es ist heiß. ハイス	暑い。	Es wird kalt. ヴィルト カルト	寒くなる。
Wie spät ist es? ヴィー シュペート （直訳：いかにおそいか）	何時ですか。	Es ist 10 (zehn) Uhr. ツェーン ウーア	10時です。

上例のような自然現象を表わす非人称の es は，どんな場合にも省略されることはありませんが，次のような生理現象や心理現象を表わす非人称の es は文頭にないときは省略されます。

Es ist mir kalt.
　　　ミーア　　　　　　　　　　　私は寒い。（直訳：私に寒い）
Mir ist kalt.

§4 非人称熟語 es gibt ＋4格

「…が存在する」ということを es gibt と4格で表わす形式があります。英語の *there is..., there are...* にあたるものです。

Es gibt keinen Ausweg mehr.　万事休すだ。（＜もはや逃げ道はない）
ギープト　カイネン　アオスヴェーク　メーア

　単語　Ausweg 男 逃げ道

In Japan **gibt es** überall Automaten.
ヤーパン　　　　　　ユーバーアル　アオトマーテン
日本には至る所に自動販売機がある。

　単語　überall 至る所に　Automat 男 自動販売機

es gibt... は直訳すれば「それが…を与える」ですが，es を宇宙をつかさどる神とか大自然とか考えれば，あとの名詞が4格になるわけが理解できます。

Lektion 8　人称代名詞

§5　その他の非人称的表現

そのほか，いろいろと非人称的な言い回しがありますが，これらは理屈よりも用例でその感じをつかむことが大切です。

Wie geht es Ihnen? — Danke, mir **geht es** sehr gut. Und Ihnen?
ヴィー　ゲート　　イーネン　　　　　　　　　　　　　ゼーア　グート　ウント
ご機嫌いかがですか。―ありがとう，私は大変元気です。であなたは。

この es は健康その他の状態を表わしています。

Gefällt es Ihnen in Japan? — Ja, **es gefällt** mir sehr gut.
ゲフェルト　　　　　　ヤーパン
日本は気に入っていますか。―ええ，大変気に入っています。

単語　gefallen 気に入る

es は日本におけるさまざまなことを漠然と表わしています。

「はい」「いいえ」の答え方

① 疑問詞のない疑問文に nicht や kein などの否定詞が含まれていない場合には「はい」は ja，「いいえ」は nein です。
② 疑問文に否定詞が含まれている場合，答えが否定なら nein を用いますが，答えが肯定のときは doch [ドッホ] を用います。

Haben Sie heute keine Zeit?　あなたはきょう時間がないのですか。
ハーベン　ズィー　ホイテ　カイネ　ツァイト

　　　　　　　　　　　— Nein, ich habe heute keine Zeit.
　　　　　　　　　　　　ナイン
　　　　　　　　　　　　　はい，私はきょう時間がありません。
　　　　　　　　　　　Doch, ich habe heute Zeit.
　　　　　　　　　　　　ドッホ
　　　　　　　　　　　　　いいえ，私はきょう時間があります。

Übung 8 (acht) CD▶22

A 和訳しましょう。

1. Sie kauft eine Krawatte und schenkt sie ihm.

2. Gefällt dir dieser Füller? Ich schenke ihn dir.

3. Folgen Sie uns! Wir zeigen Ihnen den Weg.

4. Meine Tante ist euch sehr dankbar, weil ihr ihr immer helft.

5. Die Wohnung gefällt ihnen. Sie mieten sie.

6. Ist Ihnen nicht kalt? — Doch, mir ist sehr kalt.

7. In Hawaii ist es immer warm. Dort gibt es keinen Winter.

単語 Krawatte 女 ネクタイ　　Füller 男 万年筆　　folgen 従う，ついて行く
　　　dankbar 感謝している　　Wohnung 女 住居　　mieten 賃借する
　　　warm 暖〈温〉かい　　　　Winter 男 冬

B カッコ内の語を適当な形に変えてから，和訳しましょう。(形を変える必要のないものもある)

1. Ich liebe (du) und du liebst (ich).

2. Leiht ihr (wir) euren Wagen? — Ja, wir leihen (er) (ihr) gern.

3. Ihre Jacke steht (Sie) sehr gut.

4. Gibst du (ich) dieses Buch? — Ja, ich gebe (es) (du).

単語 leihen 貸す　Jacke 女 上着　gut stehen よく似合う

Lektion 8 人称代名詞

解答 **A** 1. 彼女はネクタイを買って，それを彼に贈る。
2. 君はこの万年筆が気に入りましたか。それを君にプレゼントします。
3. 私たちについていらっしゃい。あなたに道を教えます。
4. 君たちは私のおばをいつも助けるので，おばは君たちにとても感謝しています。
5. 彼らはその住居が気に入ります。彼らはそれを借ります。
6. あなたは寒くないのですか。—いいえ，私はとても寒いです。
7. ハワイではいつも暖かです。そこには冬がありません。

B 1. dich, mich 僕は君を愛し，そして君は僕を愛している。
2. uns, ihn, euch 君たちは僕たちに君たちの車を貸してくれますか。—ええ，それを君たちに喜んで貸します。
3. Ihnen あなたの上着はあなたにとてもよく似合います。
4. mir, es dir この本を僕にくれますか。—ええ，それを君にあげます。

辞書のひきかた

動詞などの目的語は次のような記号で示されています。

*j.*² または *js.* (< jemandes)「ある人」の2格
*j.*³ または *jm.* (< jemandem)「ある人」の3格
*j.*⁴ または *jn.* (< jemanden)「ある人」の4格
*et.*² または eines Dinges「ある物〈事〉」の2格
*et.*³ (< etwas)「ある物〈事〉」の3格
*et.*⁴ (< etwas)「ある物〈事〉」の4格

なお，最近の辞書では 人³ 物⁴ のように表示されているものもあります。
なお，動詞の目的語の格は，必ずしも日本語の「**が・の・に・を**」とは一致しない場合があるので注意して下さい。

*j.*³ helfen　　　ある人**を**助ける
*j.*⁴ grüßen　　　ある人**に**あいさつする
*j.*⁴ heiraten　　ある人**と**結婚する
*et.*² bedürfen　　ある物**を**必要とする

Lektion 9 (neun) CD▶23
レクツィオーン　　　ノイン

前置詞

> **Trotz** des Regens spaziert er **mit** seinem Hund **durch** den Wald.
> トロッツ　　レーゲンス　シュパツィーアト エア　ミット　ザイネム　　フント　ドゥルヒ　デン ヴァルト
> 雨にもかかわらず彼は犬を連れて森を散歩する。

逐語訳　des Regens 男2 雨　trotz にもかかわらず　er 彼は　seinem Hund 男3 彼の犬　mit と一緒に　den Wald 男4 森　durch を通って　spaziert （＜spazieren）散歩する。

§1　前置詞の格支配

　上の文には trotz「…にもかかわらず」，mit「…と一緒に」，durch「…を通って」という3つの前置詞が使われていますが，そのあとの名詞の格がそれぞれ違っています。

　ドイツ語の前置詞はどれも結びつく名詞，代名詞の格が決まっていて，これを前置詞の格支配といいます。trotz は2格支配，mit は3格支配，durch は4格支配なのです。

§2　2格支配の前置詞

　英語に訳すと，たいてい *...of* となります。*of* は2格に相当するものです。次のものがよく使われます。

statt シュタット	…の代わりに 英 *instead of*	**trotz** トロッツ	…にもかかわらず 英 *inspite of*
während ヴェーレント	…の間 英 *during*	**wegen** ヴェーゲン	…のために 英 *because of*

statt des Vaters　父の代わりに　　**trotz** des Schnees　雪にもかかわらず
シュタット　ファータース　　　　　　トロッツ　シュネース

während des Sommers　夏の間　　**wegen** des Regens　雨のために
ヴェーレント　ゾンマース　　　　　　ヴェーゲン　レーゲンス

Lektion 9 前置詞

§3　3格支配の前置詞

おもなものは次のとおりです。

aus アオス	…の中から	**bei** バイ	…のもとで，のときに
gegenüber ゲーゲンユーバー	…の向かい側に	**mit** ミット	…と一緒に，をもって，のついた
nach ナーハ	…のあとで，の方へ	**seit** ザイト	…以来
von フォン	…の，から，について	**zu** ツー	…[のところ]へ

aus dem Garten　庭の中から　　**mit** dem Auto　自動車で
アオス　　　　　　　　　　　　　アオトー

nach dem Examen　試験のあとで　dem Hotel **gegenüber***　ホテルの向かい
ナーハ　エクサーメン　　　　　　　　　　　　ゲーゲンユーバー　　　側に

注　gegenüber は名詞の前にも後にも置かれます。

§4　4格支配の前置詞

次のものがよく使われます。

durch ドゥルヒ …を通って	**für** フューア …のために	**gegen** ゲーゲン …に対して
ohne オーネ …なしに	**um** ウム …のまわりに〈を〉	

durch den Park　公園を通って　　**für** meine Eltern　私の両親のために
ドゥルヒ　パルク　　　　　　　　　フューア　マイネ　エルターン

gegen den Strom　流れに逆らって　**um** den Tisch　テーブルのまわりに
ゲーゲン　シュトローム　　　　　　ウム　ティッシュ

§5　3・4格支配の前置詞

いままでに出て来た前置詞は，それぞれ1つだけの格を支配しますが，意味によって3格を支配したり，4格を支配したりする前置詞があります。

　　　　　　3格支配　　　　　　　　　　　　4格支配
　　Vater arbeitet **in** *dem* Garten.　　　Vater geht **in** *den* Garten.
　　ファーター　アルバイテット　　ガルテン　　　　ゲート
　　父は庭で働いている。　　　　　　　　　父は庭へ行く。

65

**3格は場所
4格は方向**

inは3格を支配するときは「…の中で」というふうに動作または存在の場所を示すのに対し，4格支配の場合は「…の中へ」というふうにある場所への方向を示すのです。つまり英語の *in* と *into* の違いを3格と4格の使い分けによって表わすのです。言い換えれば，wo？［ヴォー］「どこで」という問いに答える場合には3格支配，またwohin？［ヴォヒン］「どこへ」という問いに答えるときは4格支配になるのです。このような前置詞は全部で9個あります。

	3格支配 wo? どこで	4格支配 wohin? どこへ
an アン	…のきわで	…のきわへ
auf アオフ	…の上で	…の上へ
hinter ヒンター	…のうしろで	…のうしろへ
in イン	…の中で	…の中へ
neben ネーベン	…の横で	…の横へ
über ユーバー	…の上方〈かなた〉で	…の上方〈かなた〉へ
unter ウンター	…の下で	…の下へ
vor フォーア	…の前で	…の前へ
zwischen ツヴィッシェン	…の間で	…の間へ

Sie steht **an** *der* Tür.
ズィーシュテート　　テューア
彼女はドアのそばに立っている。

Sie geht **an** *die* Tür.
　　　　ゲート
彼女はドアのそばへ行く。

Ich sitze **auf** *dem* Stuhl.
イヒズィッツェ　　　シュトゥール
私はいすに座っている。

Ich setze das Baby **auf** *den* Stuhl.
　　ゼッツェ　　ベービ
私は赤ん坊をいすに座らせる。

Er wartet **vor** *dem* Kino.
ヴァルテット フォーア　　キーノ
彼は映画館の前で待っている。

Er eilt **vor** *das* Kino.
　アイルト
彼は映画館の前へ急ぐ。

Lektion 9 前置詞

単語 Tür 囡 ドア　　　sitzen 座っている　　　setzen 座らせる
　　　 Baby 囲 赤ん坊　　 Stuhl 男 いす　　　　　eilen 急ぐ
　　　 Kino 囲 映画館

§6　前置詞と定冠詞の融合形

定冠詞が「その…」というような指示的意味を持たないとき，前置詞と結びついて1語になる前置詞があります。

an dem → **am** アム	an das → **ans** アンス	auf das → **aufs** アオフス	
in dem → **im** イム	in das → **ins** インス	bei dem → **beim** バイム	
von dem → **vom** フォム	zu dem → **zum** ツム	zu der → **zur** ツーア	etc.

Ich kaufe Brot nicht **im** Supermarkt, sondern **beim** Bäcker.
　　カオフェ　ブロート　　　　　ズーパー・マルクト　　ゾンダーン　バイム　　　ベッカー
　私はパンをスーパーマーケットでなく，パン屋で買います。

注 bei dem Bäcker というと「そのパン屋で」の意味になります。

単語 Brot 囲 パン　Supermarkt 男 スーパーマーケット
　　　 Bäcker 男 パン焼き職人

§7　動詞・形容詞の前置詞支配

動詞や形容詞のなかには，前置詞つきの目的語をとるものがあります，たとえば，warten「待つ」は auf ＋4格を目的語とします。英語で「…を待つ」という場合，単に wait でなく wait for... というのと同じです。

Sie **wartet auf** ihn.
ズィー　ヴァルテット　アオフ　イーン
　彼女は彼を待っている。(auf j.⁴ warten　ある人を待つ)

Sind Sie **mit** Ihrem Auto **zufrieden**?
ズィント ズィー　　　イーレム　アオトー　ツフリーデン
　あなたはあなたの自動車に満足していますか。(mit et.³ zufrieden　ある物に満足している)

Übung 9 (neun) CD▶24
ノイン

A 和訳しましょう。

1. Während der Ferien kocht die Tochter für die Familie.
   ヴェーレント フェーリエン コホト トホター フューア ファミーリエ

2. Seit einem Monat wohne ich mit meinem Bruder bei unserem
   ザイト モーナト ヴォーネ マイネム ブルーダー バイ ウンゼレム
   Onkel.

3. Der Weg führt durch den Wald und dann um den See.
   ヴェーク フューアト ドゥルヒ ヴァルト ウム ゼー

4. Fleisch kaufe ich nicht im Supermarkt, sondern beim Fleischer.
   フライシュ カオフェ ズーパー・マルクト ゾンダーン バイム フライシャー

5. Herr Braun wohnt auf dem Lande und geht selten in die Stadt.
   ヘア ブラオン ヴォーント アオフ ランデ ゲート ゼルテン シュタット

6. Gegenüber der Schule steht eine Kirche mit einem Turm.
   ゲーゲンユーバー シューレ シュテート キルヒェ トゥルム

7. Ich danke Ihnen für Ihren Brief aus der Schweiz*.
   イーネン フューア イーレン ブリーフ アオス シュヴァイツ

8. Dieser See ist reich an Fischen.
   ディーザー ゼー ライヒ フィッシェン

注 国名は Japan「日本」, Deutschland「ドイツ」, Italien「イタリー」等中性のものが多く，これらには原則として冠詞をつけませんが，die Schweiz「スイス」等中性以外の国名には定冠詞をつけます。

単語 Ferien 複(単なし)休暇　　Familie 女 家族　　Monat 男 (暦の)月
führen 通じている　　dann それから　　See 男 湖(女 海)
Fleisch 中 肉　　Fleischer 男 肉屋　　auf dem Lande 田舎で
selten めったに…ない　　Stadt 女 町, 都市　　Turm 男 塔
reich an *et.*³ ある物が豊富な

B 空所を補って，和訳しましょう。

1. Nach d____ Mittagessen fährt sie mit d____ Bus zu ihr____
   ナーハ ミッターク・エッセン フェーアト ブス ツー
   Onkel.

Lektion 9 前置詞

2. Statt d＿＿ Mutter kommt die Tochter.
   シュタット　　　　　　　　　　　　　トホター

3. Der Brief liegt neben d＿＿ Buch. Ich lege ihn unter d＿＿ Buch.
   ブリーフ リークト ネーベン　　　ブーフ　　レーゲ　　　　　ウンター

4. Die Mädchen tanzen in d＿＿ Disko.
   メーチヒェン　　タンツェン　　　ディスコ

   Die Jungen gehen auch in d＿＿ Disko.
   ユンゲン　ゲーエン　アオホ

単語　Mittagessen 中 昼食　　　　Bus 男 バス　　　　liegen 横たわっている
　　　legen 横たえる　　　　　　tanzen 踊る　　　　Disko 女 ディスコ

解答　A　1. 休暇の間，娘が家族のために料理をします。
　　　　　2. 1カ月前から私は私の兄〈弟〉と一緒に私たちのおじのところに住んでいます。
　　　　　3. その道は森を抜け，それから湖の周りを通っています。
　　　　　4. 肉を私はスーパーマーケットでなく，肉屋で買います。
　　　　　5. ブラオン氏は田舎に住んでいて，めったに町へ行きません。
　　　　　6. 学校の向かい側に塔のある教会があります。
　　　　　7. スイスからのあなたのお手紙ありがとう。
　　　　　8. この湖は魚が豊富です。

　　　B　1. **dem, dem, ihrem**　昼食のあとで彼女はバスで彼女のおじのところへ行きます。
　　　　　2. **der**　母の代わりに娘が来ます。
　　　　　3. **dem, das**　手紙は本の横にある。私はそれを本の下へ置く。
　　　　　4. **der, die**　少女たちはディスコで踊っている。
　　　　　　　　　　　　少年たちもディスコへ行く。

kennenとwissen

kennen（人・物を）知っている
wissen（事柄を）知っている

Ich **kenne** Frau Müller, aber ich weiß nicht, wo sie wohnt.
イヒ　ケンネ　　フラオ ミュラー　　アーバー　　ヴァイス ニヒト　ヴォー ズィー ヴォーント
私はミュラー夫人を知っているが，彼女がどこに住んでいるか（ということは）知らない。

Lektion 10 (zehn) CD▶25
ツェーン

助動詞

> **Ich werde Ihnen die Sehenswürdigkeiten der Stadt zeigen.**
> ヴェーアデ イーネン　　ゼーエンス・ヴュルディヒカイテン　　シュタット ツァイゲン
> あなた[たち]に町の名所をご案内しましょう。

逐語訳　ich 私は　Ihnen あなた[たち]に　der Stadt 囡² 町の　die Sehenswürdigkeiten 覆⁴ (＜Sehenswürdigkeit 囡) 名所を　zeigen 示しま　werde (＜werden) しょう。

§1　未来形

未来形は英語と同様に未来の助動詞と不定詞でつくります。上の例文の Ich werde ... zeigen は英語の *I will show* ... に相当しますが不定詞 zeigen「示す」の位置が英語とは違って，文末に置かれています。

werden＋不定詞

ワク構造

定動詞	定動詞要素
Ich **werde** .... **zeigen**.	

助動詞構文はワク構造　　定動詞である助動詞と文末に置かれた不定詞とでワクをつくっているということで，このような構文を**ワク構造**といい，これがドイツ語の語順の大きな特徴の1つです。

このような助動詞構文中の本動詞のように，定動詞と密接な関係をもって一概念をなす語句を**定動詞要素**といいますが，この定動詞要素は主文では文末に置くという鉄則があるのです。これを**定動詞要素後置の原則**といいます。

未来の助動詞 werden の人称変化は「…になる」という意味の werden と同じです。忘れてしまった方は，4課§3で復習して下さい。

なお，本動詞の不定詞が文末に来るのは主文の場合だけで，副文の場合は，定動詞である werden が一番最後に来て日本語と同じ語順になります。

Lektion 10 助動詞

主文　Er **wird** bald hierher **kommen**.　彼はまもなくここへ来るだろう。
　　　　ヴィルト バルト ヒーアヘーア　　コンメン

副文　Ich zweifle, ob er wirklich hierher **kommen wird**.
　　　ツヴァイフレ オップ　　ヴィルクリヒ
　　　彼が本当にここへ来るだろうか，私は疑う。

　　単語　bald まもなく　　hierher ここへ　　zweifeln 疑う　　wirklich 本当に

　未来形はふつう「…だろう」という推量を表わすことが多いので，未来に関することでも，そのようなニュアンスが含まれないときはたいてい現在形を用います。

　未来形はまた現在のことに関する推量を表わすのにも使われます。

　　　　Sie **wird** jetzt zu Hause **sein**.　彼女は今家にいるでしょう。
　　　　　　　　　イェッツト ツー ハオゼ　　ザイン

§2　話法の助動詞

　次の6個の助動詞も未来の助動詞と同じように，不定詞とともに用います。これらの助動詞は話しかたにニュアンスを加えますので，話法の助動詞と呼ばれます。話法の助動詞は不定詞だけでなく，単数1人称＜3人称＞の定動詞も一緒に覚える必要があります。

können ケンネン	…できる	ich イヒ	\<er\> エア	kann カン	英 can
müssen ミュッセン	…しなければならない	ich	\<er\>	muss ムス	英 must
wollen ヴォレン	…しようと思う	ich	\<er\>	will ヴィル	英 will, want
sollen ゾレン	…すべきである	ich	\<er\>	soll ゾル	英 shall, should
dürfen デュルフェン	…してもよい	ich	\<er\>	darf ダルフ	英 may
mögen メーゲン	好む，…かもしれない	ich	\<er\>	mag マーク	英 like, may

　これらの助動詞は他の動詞とは違う特徴を持っています。すなわち，sollen 以外は現在形の単数の語幹が不定詞の語幹と異なり，また ich や er のところで –e や –t がつきません。つまり，wissen「知っている」と同じ変化です。

71

次に現在人称変化を示します。

	können ケンネン	müssen ミュッセン	wollen ヴォレン	sollen ゾレン	dürfen デュルフェン	mögen メーゲン
ich	kann カン	muss ムス	will ヴィル	soll ゾル	darf ダルフ	mag マーク
du	kannst カンスト	musst ムスト	willst ヴィルスト	sollst ゾルスト	darfst ダルフスト	magst マークスト
er	kann	muss	will	soll	darf	mag
wir	können	müssen	wollen	sollen	dürfen	mögen
ihr	könnt	müsst	wollt	sollt	dürft	mögt
sie	können	müssen	wollen	sollen	dürfen	mögen

　話法の助動詞を用いる場合も未来形のときと同様に本動詞の不定詞が文末に来て，ワク構造をつくります。

Ich muss ihm sofort einen Brief schreiben.
イヒ　ムス　イーム　ゾフォルト　アイネン　ブリーフ　シュライベン
　私は彼にすぐ手紙を書かなければならない。

　単語 sofort すぐに

Er kann ihr seine Liebe nicht gestehen.
エア　カン　イーア　ザイネ　リーベ　ニヒト　ゲシュテーエン
　彼は彼女に彼の愛を告白できません。

　単語 gestehen 告白する

Darf man hier parken?
ダルフ
　ここへ駐車してもいいですか。

　単語 parken 駐車する

Ich will auf dem Lande leben.
　ヴィル　アオフ　　　ランデ　レーベン
　私は田舎で暮らそうと思います。

　単語 leben 生きる，生活する

Lektion 10 助動詞

Ihr **sollt** fleißig arbeiten.
イーア ゾルト フライスィヒ アルバイテン
君たちは勤勉に働くべきです。

単語 fleißig 勤勉な

Mögen Sie Jazz? — Nein, ich **mag** lieber Rock.
メーゲン ズィー ジェス　　　　　　マーク リーバー ロック
あなたはジャズが好きですか。—いいえ、ロックの方が好きです。

注 mögen は「好む」の意味の場合たいてい本動詞なしで用います。

単語 Jazz 男 ジャズ　lieber より好んで（gern の比較級）

§3　話法の助動詞 möchte[n]

möchte[n] は本来 mögen「好む」の接続法第Ⅱ式（英語の仮定法にあたる）ですが、とくに1人称単数形 ich möchte [gern] ...「…したい」（英 *I'd like to*...）は日常会話などできわめてひんぱんに用いられるので、mögen とは別個の助動詞と考えて下さい。

möchte[n] …したい
メヒテ[ン]

ich möchte	wir möchten
メヒテ	メヒテン
du möchtest	ihr möchtet
メヒテスト	メヒテット
er möchte	sie möchten

Ich **möchte** [gern] Herrn Braun sprechen.
メヒテ　　　 ゲルン　ヘルン　ブラオン シュプレッヒェン
ブラオンさんにお目にかかりたいのですが。

単語 j⁴. sprechen ある人に面会する

Möchten Sie noch eine Tasse Kaffee?
メヒテン　 ズィー ノホ　アイネ タッセ カッフェー
コーヒーをもう1杯いかがですか。

単語 Tasse 女 カップ　Kaffee 男 コーヒー

辞書のひきかた

話法の助動詞の基本的な意味については文例をあげておきましたが、時にはそれ以外の意味に使われることもあります。これは話法の助動詞に限ったことではありませんが、自分の知っている訳語でぴったりしないときは、念のため辞書をよく調べてみて下さい。よく知っている単語に意外な意味のあるのを発見することがあるものです。

Übung 10 (zehn) CD▶26

A 和訳しましょう。

1. Wo wirst du in Deutschland wohnen? — Ich werde in einem Studentenheim wohnen.

2. Können Sie Klavier spielen? — Nein, ich kann es nicht.

3. Darf ich rauchen, Herr Doktor? — Nein, Sie dürfen noch nicht rauchen.

4. Was für ein Mädchen mögen Sie? — Ich mag ein Mädchen wie Sie.

5. Ich möchte zum Flughafen fahren. Welchen Bus muss ich nehmen?

6. Er mag nicht arbeiten, obwohl er alles kann, wenn er nur will.

7. Du sollst nur mäßig trinken und rauchen.

8. Wie alt ist er? — Er mag etwa 50 (fünfzig) Jahre alt sein.

単語 Studentenheim 中 学生寮　　Klavier 中 ピアノ　　rauchen タバコを吸う
Doktor 男 医者，博士　　wie …のような　　Flughafen 男 空港
mäßig 適度の　　etwa およそ　　Jahr 中 年，歳

Lektion 10 助動詞

B カッコ内の助動詞を含む文に書き換えて，和訳しましょう。

1. Sie macht während der Ferien einen Job. (werden)
2. Ich verstehe meinen Sohn nicht. (können)
3. Ihr liebt eure Nachbarn. (sollen)
4. Jeder Bürger benutzt diese Bibliothek. (dürfen)
5. Er heiratet meine Tochter. (wollen)
6. Du gehst sofort zum Arzt. (müssen)
7. Das ist wahr. (mögen)

単語　machen する，つくる　　Job 男 アルバイト　　verstehen 理解する
　　　Nachbar 男 隣人　　　　Bürger 男 市民　　　benutzen 利用する
　　　Bibliothek 女 図書館　　 heiraten 結婚する　　wahr 真実の

解答　A　1. 君はドイツでどこに住むのでしょうか。―私は学生寮に住むでしょう。
　　　　 2. あなたはピアノが弾けますか。―いいえ，私は弾けません。
　　　　 3. 先生，タバコを吸ってもいいですか。―いいえ，あなたはまだタバコを吸ってはいけません。
　　　　 4. あなたはどんな娘が好きですか。―私はあなたのような娘さんが好きです。
　　　　 5. 私は空港へ行きたいのですが，どのバスに乗らねばなりませんか。
　　　　 6. 彼はしようと思いさえすれば，何でもできるのに，働くことを好みません。
　　　　 7. 君はただ適度に飲んだり，喫煙したりすべきです。
　　　　 8. 彼は何歳ですか。―50歳位でしょう。

　　　 B　1. Sie wird während der Ferien einen Job machen.
　　　　　　彼女は休暇中アルバイトをするでしょう。
　　　　 2. Ich kann meinen Sohn nicht verstehen.
　　　　　　私は私の息子を理解できない。
　　　　 3. Ihr sollt eure Nachbarn lieben.
　　　　　　君たちは君たちの隣人たちを愛すべきです。

4. Jeder Bürger darf diese Bibliothek benutzen.
市民は誰でもこの図書館を利用してよい。
5. Er will meine Tochter heiraten.
彼は私の娘と結婚しようと思っている。
6. Du musst sofort zum Arzt gehen.
君はすぐ医者に行かねばなりません。
7. Das mag wahr sein.
それは本当かもしれない。

CD▶27　　　　　　　　　　基数 20以上

20	zwanzig ツヴァンツィヒ	60	sechzig ゼヒツィヒ
30	dreißig ドライスィヒ	70	siebzig ズィープツィヒ
40	vierzig フィアツィヒ	80	achtzig アハツィヒ
50	fünfzig フュンフツィヒ	90	neunzig ノインツィヒ
21	einundzwanzig アイン・ウント・ツヴァンツィヒ	45	fünfundvierzig フュンフ・ウント・フィアツィヒ
22	zweiundzwanzig ツヴァイ・ウント・ツヴァンツィヒ	67	siebenundsechzig ズィーベン・ウント・ゼヒツィヒ
34	vierunddreißig フィーア・ウント・ドライスィヒ	78	achtundsiebzig アハト・ウント・ズィープツィヒ
100	[ein]hundert ［アイン］フンダート	1000	[ein]tausend ［アイン］タオゼント

2345
zweitausenddreihundertfünfundvierzig
ツヴァイタオゼント・ドライフンダート・フュンフ・ウント・フィアツィヒ

注　30 の語尾は **-zig**［ツィヒ］でなく **-ßig**［スィヒ］です。
　　21 や 34 のような 2 ケタの数は 1 位の数を先に読みます。

Lektion 11 (elf) CD▶28
エルフ

分離動詞

非分離動詞	Mein Vater **versteht** mich nicht.	
	マイン　ファーター　フェアシュ**テ**ート　　ミヒ　　ニヒト	
	私の父は私を理解しない。	
分離動詞	Mein Vater **steht** sehr früh **auf**.	
	シュテート　ゼーア　フリュー　**ア**オフ	
	私の父はとても早く起きる。	

逐語訳　mein Vater 男¹ 私の父は　mich 私を　versteht (＜verstehen) 理解し　nicht ない。
　　　　mein Vater 男¹ 私の父は　sehr とても　früh 早く　steht … auf (＜aufstehen) 起床する。

§1　分離動詞と非分離動詞

　上の文の verstehen［フェアシュ**テ**ーエン］「理解する」や aufstehen［**ア**オフ・シュテーエン］「起床する」は stehen「立っている」という動詞に前つづりのついた複合動詞です。ver– という前つづりにはアクセントがありませんが，auf– の方にはアクセントが置かれて基礎動詞 stehen よりも強く発音されます。このようなアクセントのある前つづりを持つ動詞は主文の定動詞になると，その前つづりが基礎動詞から分離して文末に置かれ，**ワク構造**をつくります。このような動詞を分離動詞といい，ver– のようなアクセントのない前つづりを持つ動詞は分離することがないので非分離動詞といいます。

分離動詞		非分離動詞	
áuf|stehen アオフ・シュテーエン	立ち上がる，起床する	**verstéhen** フェアシュテーエン	理解する
án|kommen アン・コンメン	到着する	**bekómmen** ベコンメン	得る
wég|gehen ヴェック・ゲーエン	立ち去る	**entgéhen** エントゲーエン	のがれる
áus|trinken アオス・トリンケン	飲み干す	**ertrínken** エアトリンケン	溺死する
áb|fallen アップ・ファレン	離れ落ちる	**gefállen** ゲファレン	気に入る

辞書のひきかた

分離動詞は前つづりと基礎動詞の間の分離線 | によって示されます。
 auf|stehen
さて，次のような文に出会って意味がわからなかったとします。
 Ich rufe ihn an.
rufen を辞書でひくと，「呼ぶ」と出ています。そこで上の文も，「私は彼を呼ぶ」と一応訳せますが，文末に an が残ってしまいます。このような文末の小さな単語はたいてい分離の前つづりですから，これを rufen につけて anrufen をひくと，「電話をかける」と出ています。そこで「私は彼に電話をかける」と訳せます。

§2 分離動詞を用いる構文

分離動詞が分離するのは，主文の定動詞になった場合だけで，副文の中では分離しません。

主文 Der Zug **kommt** um 11 (elf) Uhr in München **an**.
   ツーク　コムト　ウム　エルフ　ウーア　ミュンヒェン　アン
   その列車は11時にミュンヒェンに到着する。

副文 Ich weiß nicht, wann der Zug in München **ankommt**.
   ヴァイス ニヒト　ヴァン　　ツーク　　　　　　　アン・コムト
   その列車がいつミュンヒェンに到着するか，私は知らない。

§3 nichtの位置

否定詞 nicht の文中での位置は英語の *not* の場合とは違うことがありますので注意して下さい。

① **全文否定**

定動詞を否定する場合で，原則として nicht は文末に置かれます。

 Sie liebt ihn **nicht**. 彼女は彼を愛していない
 ズィー　リープト イーン　ニヒト

定動詞とともに一概念をなす**定動詞要素**があれば，nicht をその直前に置きます。

 Sie wird ihn **nicht** *besuchen*.
 ズィー ヴィルト イーン ニヒト　ベズーヘン
  彼女は彼を訪問しないでしょう。（wird ... besuchen「訪問するでしょう」で一概念）

Er ist mit seinem Auto **nicht** *zufrieden*.
彼は彼の自動車に満足していない。(ist ... zufrieden「満足している」で一概念)

Ich gehe heute **nicht** *in die Schule*.
私はきょう学校へ行かない。(gehe ... in die Schule「学校へ行く」で一概念)

Mein Sohn steht noch **nicht** *auf*.
私の息子はまだ起きない。(steht ... auf「起床する」で一概念)

上例のイタリックの部分は，どれも定動詞と密接な関係をもって一概念をなす**定動詞要素**です。これらは**定動詞要素後置の原則**により，主文では文末に置かれて定動詞とともにワク構造をつくることは既に学びました。分離の前つづりももちろん定動詞要素です。

② 部分否定

nicht は否定される語句の前に置きます。

Sie liebt **nicht** ihn. 彼女が愛しているのは彼ではない。

Übung 11 (elf) [CD▶29]

A 和訳しましょう。

1. Von welchem Bahnsteig fährt der Zug nach München ab?

2. Wann kommt der Zug in Frankfurt an?

3. Ich stelle ihm meine Schwester vor.

4. Der Assistent teilt den Studenten mit, dass die Vorlesung des Professors heute ausfällt.

5. Die Kinder schlafen ein, während ich ihnen ein Märchen vorlese.

6. Rufen Sie mich an, wenn Sie in München ankommen!

7. Stellen Sie das Radio ab und den Fernseher an!
   シュテレン　　　ラーディオ　アップ　　　　　フェルンゼーアー

単語 Bahnsteig 男 プラットホーム　　　　　　　　ab|fahren 発車する
　　 vor|stellen 紹介する　　　Assistent 男 助手　　mit|teilen 伝える
　　 Vorlesung 女 講義　　　　Professor 男 教授　　heute きょう
　　 aus|fallen 中止になる　　 ein|schlafen 眠り込む Märchen 中 童話
　　 vor|lesen 読んで聞かせる　an|rufen 電話をかける ab|stellen スイッチを切る
　　 Radio 中 ラジオ　　　　　Fernseher 男 テレビ　an|stellen スイッチを入れる

B　カッコ内の動詞を現在形に変えて，和訳しましょう。

1. Die Vorlesung (aus|fallen) heute.
   フォーアレーズング　　　　　　ホイテ

2. Meine Mutter (an|rufen) mich jeden Tag.
   　　　　　　　　　　　　　　　イェーデン　ターク

3. Ich weiß nicht, ob er heute noch (zurück|kommen).
   　　ヴァイス　　　オップ

4. (zu|machen) Sie die Tür, bevor Sie das Fenster (auf|machen) !
   　　　　　　　　　テューア　ベフォーア　　　　フェンスター

単語 jeden Tag 毎日（副詞的4格）　　heute noch きょうのうちに
　　 zurück|kommen 帰って来る　　　zu|machen 閉める　　　auf|machen 開ける

解答　A 1. ミュンヒェン行きの列車はどのホームから発車しますか。
　　　　 2. その列車はいつフランクフルトに着きますか。
　　　　 3. 私は彼に私の姉〈妹〉を紹介します。
　　　　 4. 教授の講義がきょう休講であることを，助手が学生たちに伝えます。
　　　　 5. 私が子供たちに童話を読んで聞かせている間に，子供たちは眠り込む。
　　　　 6. あなたがミュンヒェンに到着したら，私に電話して下さい。
　　　　 7. ラジオを消して，テレビをつけて下さい。

　　　 B 1. Die Vorlesung fällt heute aus.
　　　　　　 講義はきょう休講です。
　　　　 2. Meine Mutter ruft mich jeden Tag an.
　　　　　　 私の母は私に毎日電話をします。
　　　　 3. Ich weiß nicht, ob er heute noch zurückkommt.
　　　　　　 彼がきょうのうちに帰って来るかどうか，私は知りません。
　　　　 4. Machen Sie die Tür zu, bevor Sie das Fenster aufmachen!
　　　　　　 窓を開ける前にドアを閉めて下さい。

Lektion 12 (zwölf) CD▶30
ツヴェルフ

形容詞の格変化

---

① 述語的用法　Der Garten ist schön.
　　　　　　　　　　　　　　シェーン
　　　　　　　その庭は美しい。

② 付加語的用法　der schöne Garten; ein schöner Garten
　　　　　　　　　　　シェーネ　　　　　　　　　　シェーナー
　　　　　　　その美しい庭　　　　　　　ある美しい庭

---

§1　形容詞の格変化

　形容詞には2つの用法があります。1つは上例 ① の **schön** のように，動詞 **sein**（ここでは **ist**）と結んで**述語**となる場合で，この場合には形容詞は格変化をせずに辞書にのっている形のまま用います。もう1つは ② のように形容詞が**付加語**として名詞の前に置かれる場合で，この場合形容詞は **schön-e** とか **schön-er** のように語尾がつきます。これを形容詞の格変化といいます。

　形容詞の格変化には次の3つの場合があります。

　　強変化　　　　　　　　　　　　　形　容　詞　＋　名　詞

　　弱変化　　定冠詞[類]　＋　形　容　詞　＋　名　詞

　　混合変化　不定冠詞[類]　＋　形　容　詞　＋　名　詞

① **強変化**（前に冠詞[類]がない場合）

　この場合は，形容詞が冠詞[類]の代わりに性・数・格を示さなければならないので，**dieser** 型と同じ格変化をします。たとえば「このワイン」という場合と「よいワイン」という場合は同じ語尾になります。

　　　dieser Wein　　このワイン
　　　guter Wein　　よいワイン

81

強変化

	男		女		中	
	よいワイン		よいチョコレート		よいビール	
1格	gut**er**	Wein	gut**e**	Schokolade	gut**es**	Bier
2格	gut**en**	Wein**es**	gut**er**	Schokolade	gut**en**	Bier**s**
3格	gut**em**	Wein	gut**er**	Schokolade	gut**em**	Bier
4格	gut**en**	Wein	gut**e**	Schokolade	gut**es**	Bier

複

gut**e**	Weine
gut**er**	Weine
gut**en**	Weinen
gut**e**	Weine

注 Weine など物質名詞の複数形は種類がいくつかあるときに用います。

男性・中性の2格だけは dieser の場合と違って –es でなく，–en です。男性・中性の2格は名詞の方にふつう –es または –s の語尾があるから，形容詞は少し遠慮して –en にするのです。

② **弱変化**（前に定冠詞[類]がある場合）

定冠詞や定冠詞類（dieser 型）は活発な格変化をして性・数・格を比較的はっきり示すので，形容詞はそのあとでは，それほど活躍する必要がありません。そこで右側の表のような –e と –en だけの簡単な語尾になります。–e の5箇所をしっかり覚えて下さい。

	男	女	中	複
1格	–e	–e	–e	–en
2格	–en	–en	–en	–en
3格	–en	–en	–en	–en
4格	–en	–e	–e	–en

形容詞の格変化はむずかしいということがよく言われますが，それは迷信です。いまあらたに覚えなければならないのはこの簡単な表だけで，あとは冠詞類の変化の応用にすぎません。

Lektion 12 形容詞の格変化

弱変化

	男		女		中	
	善良な男		善良な女		善良な少女	
	der gut**e** Mann	die gut**e** Frau (フラオ)	das gut**e** Mädchen (メーチヒェン)
	des gut**en** Mannes	der gut**en** Frau	des gut**en** Mädchens
	dem gut**en** Mann	der gut**en** Frau	dem gut**en** Mädchen
	den gut**en** Mann	die gut**e** Frau	das gut**e** Mädchen

複

die gut**en** Männer (メンナー)
der gut**en** Männer
den gut**en** Männern (メンナーン)
die gut**en** Männer

③ **混合変化**（前に不定冠詞［類］がある場合）

不定冠詞や不定冠詞類（mein 型）は男性1格と中性1格・4格に語尾がありません。そこで不定冠詞［類］のあとの形容詞は，この3箇所で強変化をして不定冠詞［類］の語尾の不足を補い，その他の箇所では弱変化をします。

　　　mein △　（mein**er** ではない）Sohn　私の息子が

　　　mein △　gut**er** Sohn　私の善良な息子が

　　　mein △　（mein**es** ではない）Kind　私の子供が＜を＞

　　　mein △　gut**es** Kind　私の善良な子供が＜を＞

混合変化

	男		女		中	
	私の善良な息子		私の善良な娘		私の善良な子供	
	mein△ gut**er** Sohn (ゾーン)	meine gute Tochter (トホター)	mein△ gut**es** Kind (キント)
	meines guten Sohnes	meiner guten Tochter	meines guten Kindes
	meinem guten Sohn	meiner guten Tochter	meinem guten Kind
	meinen guten Sohn	meine gute Tochter	mein△ gut**es** Kind

複
meine guten Söhne
meiner guten Söhne
meinen guten Söhnen
meine guten Söhne

Söhne のルビ: ゼーネ

§2　形容詞の名詞化

格変化語尾を持つ形容詞の頭文字を大文字で書いて名詞として用いることがあります。男性・女性・複数の場合は人を表わし，中性の場合は事物を表わします。あとに，それぞれ Mann「男」，Frau「女」，Leute「人びと」，Ding「もの」を補って考えてみて下さい。

男	女	複	中
(男の)病人	(女の)病人	病人たち	古いもの
der Kranke	die Kranke	die Kranken	das Alte
ein Kranker	eine Kranke	Kranke	etwas Altes*

etwas のルビ: エトヴァス

注　中性形はふつう ein Altes のように不定冠詞はつけず，代わりに etwas「何か」をつけます。否定は nichts「何も…ない」です。

Der Kranke hat hier viele **Bekannte**.

ルビ: ヒーア フィーレ ベカンテ

その病人はここに多くの知人がいる。

単語　viel 多くの　　bekannt 知っている

Das Alte geht und **das Neue** kommt.

Neue のルビ: ノイエ

古いものが去り，新しいものが来る。

Steht **etwas Neues** in der Zeitung? — Nein, **nichts Besonderes**.

ルビ: シュテート エトヴァス ノイエス　ツァイトゥング　　ニヒツ　ベゾンデレス

新聞に何か変わったことが出ていますか。　いいえ，何も特別なことはありません。

単語　besonder 特別の

Lektion 12 形容詞の格変化

辞書のひきかた

名詞の前に置かれた形容詞は，格語尾を除いた形でひくことはいうまでもありません。たとえば ein **kleines** Haus の kleines は **klein** でひきます。

名詞化された形容詞は，よく使われるものに限り次のように辞書の見出し語になっています。

Alte（形容詞的変化） I 男女老人… II 中古い事物

Übung 12 (zwölf) CD▶31

A 和訳しましょう。

1. Ich habe großen Durst. Geben Sie mir bitte ein Glas kaltes Wasser!

2. Das lange Haar des Sohnes gefällt dem strengen Vater nicht.

3. Er überquert die breite Straße bei rotem Licht.

4. Sie hat einen kühlen Kopf und ein warmes Herz.

5. Bei diesem jungen Bäcker bekommt man immer frisches Brot.

6. Sein kleiner Sohn hat ein gutes Gedächtnis.

7. Der Deutsche* ist ein Bekannter von meinem Onkel.

8. Das Schöne ist nicht immer das Nützliche.

注 **der Deutsche**：「ドイツ人」。Japaner「日本人」，Engländer「英国人」等はふつうの名詞ですが，「ドイツ人」だけは形容詞 deutsch「ドイツの」の名詞化を用います。

単語 Durst 男 のどのかわき Glas 中 コップ streng 厳しい
kalt 冷たい Wasser 中 水 lang 長い
Haar 中 髪 überqueren 横切る breit 広い
Straße 女 道路 Licht 中 光 kühl 冷静な
Kopf 男 頭 Herz 中 心 bekommen 得る
frisch 新鮮な Gedächtnis 中 記憶[力]
nicht immer 必ずしも…ではない nützlich 有用な

B 語尾を補って，和訳しましょう。

1. Er trinkt kalt____ Bier und sie trinkt warm____ Milch.
   ビーア　　　　　　　　　　　　　　　　ミルヒ

2. Das rot____ Dach des klein____ Hauses gefällt dem jung____
   ダハ　　　　　　　　　　　ハオゼス　ゲフェルト

   Paar.
   パール

3. Ein arm____ Student sucht ein billig____ Zimmer.
   シュトゥデント ズーフト　　　　　　ツィンマー

4. Ein Gesund____ hat viele Wünsche, ein Krank____ hat nur
   フィーレ　ヴュンシェ　　　　　　　　　　　ヌーア

   einen*.

注 einen = einen Wunsch

単語 Paar 中 カップル suchen 探す billig 安い
Zimmer 中 部屋 gesund 健康な Wunsch 男 願い

解答 A 1. 私はとてものどがかわいています。どうか私に冷たい水を1杯下さい。
2. 息子の長い髪は厳格な父の気に入らない。
3. 彼は広い道路を赤信号で渡る。
4. 彼女は冷静な頭と温かい心を持っている。
5. この若いパン屋の店ではいつも新鮮なパンが手に入る。
6. 彼の小さな息子は記憶力がよい。
7. そのドイツ人は私のおじの知人です。
8. 美しいものは必ずしも役に立つものではない。

Lektion 12 形容詞の格変化

B 1. **kaltes, warme** 彼は冷たいビールを飲み，そして彼女は温かいミルクを飲む。
2. **rote, kleinen, jungen** その小さな家の赤い屋根は若いカップルの気に入る。
3. **armer, billiges** 貧しい大学生が安い部屋をさがしている。
4. **Ein Gesunder, ein Kranker** 健康な人は多くの願いを持っている。病人にはただ1つの願いしかない。

CD▶32　　　　　　　　　序　数

1.	**erst** エーアスト	11.	elft エルフト
2.	zweit ツヴァイト	12.	zwölft ツヴェルフト
3.	**dritt** ドリット	13.	dreizehn ドライツェーント
4.	viert フィーアト	14.	vierzehn フィアツェーント
5.	fünft フュンフト	15.	fünfzehn フュンフツェーント
6.	sechst ゼックスト	16.	sechzehn ゼヒツェーント
7.	**siebt** ズィープト	17.	siebzehn ズィープツェーント
8.	**acht** アハト	18.	achtzehn アハツェーント
9.	neunt ノイント	19.	neunzehn ノインツェーント
10.	zehnt ツェーント	20.	zwanzigst ツヴァンツィヒスト

注　「第1の」「第2の」など順序を表す数詞を序数といい，数字の場合は 1. 2. のようにピリオドを打ちます。19. までは基数 + -t（1. 3. 7. 8. は例外），20以上は基数 + -st でつくり，形容詞として用います。　例　**mein zweiter Sohn**　私の次男
　　　　　　　　　　　　　　　　　　　　　　　マイン ツヴァイター ゾーン

Lektion 13 (dreizehn) CD▶33
ドライツェーン

再帰

> Ich **erkälte mich** leicht, wenn das Wetter **sich ändert**.
> エアケルテ ミヒ ライヒト ヴェン ヴェッター ズィヒ エンダート
> 天候が変わると，私は風邪をひきやすい。

逐語訳　das Wetter 囲¹ 天候が　sich ändert（＜sich ändern）変わる　wenn 時　ich 私は
　　　　leicht 容易に　mich erkälte（＜sich erkälten）風邪をひく。

§1　再帰代名詞

　主語と同じものを表わす代名詞を再帰代名詞といいます。3人称の3格と4格が sich 「自分自身に〈を〉」である以外は，人称代名詞と同形です。

　3人称だけに sich という特別な形が必要な理由は次の例文を比較すればわかるでしょう。

　　① **Ich wasche mich.**　私は体（＜私自身）を洗う。
　　　　ヴァッシェ　ミヒ

　　② **Er wäscht ihn.**　彼はその人を洗う。
　　　　ヴェッシュト イーン

　　③ **Er wäscht sich.**　彼は体（＜彼自身）を洗う。
　　　　　　　　　ズィヒ

　①の主語 ich と目的語の mich は同一人ですが，②の主語 er と目的語 ihn とは別人で，つまり「A という彼が B という彼を洗う」ということになり，「自分の体を洗う」という意味にはなりません。なぜなら，話者にとって「私」は世界中でたった1人しかいませんが，「彼」は無数にいるので，主語の「彼」と目的語の「彼」が同一人であるためには③のように sich という特別の形が必要になってくるわけです。

　いまのは4格の再帰代名詞の例でしたが，次は3格の場合です。

　　　Ich kaufe mir einen Ring.　私は（自分のために）指輪を買う。
　　　　カオフェ ミーア

　　[注]　mir は**獲得の3格**と呼ばれるもので，他人のためでなく，自分のためであることを表わしています。

Lektion 13　再帰

Sie wäscht **sich** die Haare.　彼女は（自分の）髪を洗う。
ヴェッシュト　　　　ハーレ

注　直訳すれば「自分に髪を洗う」ですが，この sich はいわゆる**所有の3格**です。

　訳文の中のカッコ内はふつう訳す必要はありませんが，再帰代名詞が「自分自身**を**」か，「自分自身**に**」かを頭の中ではっきりさせて下さい。

§2　再帰動詞

　いままでの例はどれも，動詞と再帰代名詞をそのつど組み合わせてつくったものですが，動詞と再帰代名詞が緊密にとけ合って1つのまとまった意味を表わす場合があり，そういう動詞を再帰動詞といいます。

sich⁴ freuen　　　　喜ぶ（分解すれば：自分を喜ばす）
　フロイエン

sich⁴ ändern　　　　変わる（分解すれば：自分を変える）
　エンダーン

sich⁴ erkälten　　　風邪をひく（分解すれば：自分を冷やす）
　エアケルテン

sich⁴ setzen　　　　腰かける（分解すれば：自分を据える）
　ゼッツェン

sich⁴ freuen　喜ぶ
ズィヒ　フロイエン

ich freue mich	wir freuen uns
du freust dich	ihr freut euch
er freut **sich**	sie freuen **sich**
	Sie freuen **sich***

注　敬称2人称 Sie に対する再帰代名詞は大文字で書きません。

Die Kinder **freuen sich**, wenn die Tante kommt.
　　　　　フロイエン　　　　　ヴェン
　おばが来ると，子供たちが喜ぶ。

Alles **ändert sich**. Wir **ändern uns** auch.
アレス　エンダート ズィヒ　ヴィーア エンダーン　アオホ
　すべてが変わる。私たちも変わる。

89

再帰動詞はこのように4格の sich を伴うものが多いのですが，次のように3格の sich を伴うものも少数あります。その場合，再帰代名詞は1人称と親称2人称単数で mir, dir になるほかは4格の場合と同形です。

sich³ merken 覚えておく（分解すれば：自分に記す）
メルケン

sich³ erlauben （勝手なことを）あえてする（分解すれば：自分に許す）
エアラオベン

Ich **erlaube mir** heute einen Luxus.
エアラオベ　ミーア　ホイテ　　　　ルクスス
私はきょう思い切ってぜいたくをします。

単語 Luxus 男 ぜいたく

Merken Sie **sich** meine Telefonnummer!
メルケン　　　　　マイネ　テレフォーン・ヌンマー
私の電話番号を覚えておいて下さい。

単語 Telefonnummer 女 電話番号

辞書のひきかた

再帰動詞は，そのもとになる動詞の用例の終りの方に 再 または *refl.* の記号のあとに出ています。
　setzen [zétsən] I 他（または *t.*）座らせる，据える… II 再（または *refl.*）sich⁴〜 腰かける，座る

§3 「互いに」の意味の sich

sich は主語が複数または複数の意味を持つ語の場合「互いに」という意味になることがあります。uns, euch も同様です。

Die Schwestern lieben **sich** sehr.　その姉妹は互いにとても愛し合っている。
シュヴェスターン　リーベン　ズィヒ　ゼーア

Wir kennen **uns** schon lange.　私たちはずっと前から知り合いです。
　　　　　　　　ショーン　ランゲ

sich がなぜ「自分自身」と「互いに」の2つの意味を持つかの理由は次の図で理解できるでしょう。

　A ─→ A　　　　自分自身を　　　A ╳ A　　　互いに
　B ─→ B　　　　　　　　　　　　B 　 B

Lektion 13 再帰

　A, B 2 人がいて，A が A を，そして B が B を愛すれば「自分自身を愛する」ことになり，これに反して A が B を，B が A を愛すれば「互いに愛する」ことになるわけです。

Übung 13 (dreizehn) CD▶34
ドライツェーン

A 和訳しましょう。

1. Manche Blumen schließen sich, wenn es dunkel wird.

2. Wir freuen uns, wenn es zu Weihnachten schneit.

3. Wie rasierst du dich ? — Ich rasiere mich elektrisch.

4. Ich kann mir deine Telefonnummer nicht merken.

5. Ihr streitet euch immer. Liebt ihr euch nicht mehr? — Doch, wir lieben uns immer noch.

6. Interessieren Sie sich für Politik ? — Nein, ich interessiere mich nur für Musik.

7. Man grüßt sich, wenn man sich begegnet.

単語　sich⁴ schließen 閉じる　　dunkel 暗い　　zu Weihnachten クリスマスに
　　　rasieren（ひげを）そる　elektrisch 電気の　　streiten 争う
　　　immer noch 依然として　sich⁴ interessieren 興味を持つ
　　　Politik 囡 政治　　grüßen あいさつする　begegnen（偶然）出会う

B 空所を補って，和訳しましょう。

1. Langweilst du ＿＿＿ oft ? — Nein, ich langweile ＿＿＿ nie.

2. Wenn man ＿＿＿ vor diese Tür stellt, öffnet sie ＿＿＿ von selbst.

3. Treffen wir ___ um fünf Uhr in dem Café vor dem Bahnhof!

4. Ihr langweilt ___ nie, weil ihr ___ für alles interessiert.

単語 sich⁴ langweilen 退屈する　　nie 決して…ない　　sich⁴ stellen 立つ
sich⁴ öffnen 開く　　von selbst ひとりでに　　treffen 会う
Café 中 喫茶店　　Bahnhof 男 駅

解答

A
1. かなり多くの花が，暗くなると閉じます。
2. クリスマスに雪が降ると，私たちは喜びます。
3. 君はどうやってひげをそりますか。―私は電気カミソリでそります。
4. 僕は君の電話番号を覚えることができません。
5. 君たちはいつも争い合っている。君たちはもう愛し合っていないのですか。―いいえ，私たちは依然として愛し合っています。
6. あなたは政治に興味がありますか。―いいえ，私は音楽にしか興味がありません。
7. 人びとは出会うと，あいさつを交わします。

B
1. **dich, mich** 君はよく退屈しますか。―いいえ，僕は決して退屈しません。
2. **sich, sich** このドアの前に立つと，それはひとりでに開きます。
3. **uns** 5時に駅前の喫茶店で会いましょう。
4. **euch, euch** 君たちはすべてのことに興味を持っているから，決して退屈しません。

Lektion 14 (vierzehn) CD▶35
フィアツェーン

動詞の3基本形

> Ich **wohnte** damals in Wien.
> ヴォーンテ　ダーマールス　　ヴィーン
> 私は当時ウイーンに住んでいました。
>
> Ich **habe** vier Jahre lang in Wien **gewohnt**.
> 　　　　フィーア　ヤーレ　　　　　　　　　ゲヴォーント
> 私は4年間ウイーンに住みました。

逐語訳　ich 私は　damals 当時　in Wien 甲³ ウイーンに　wohnte（＜wohnen）住んでいた。
　　　　　ich 私は　vier Jahre 複⁴（＜Jahr 甲）4年　lang の間　in Wien 甲³ ウイーンに
　　　　　habe ... gewohnt（＜wohnen）住んだ。

§1　動詞の3基本形

不定詞・過去基本形・過去分詞は，動詞のあらゆる形の基本になるので，3基本形と呼ばれます。

① 規則動詞

不定詞の語幹から規則的に3基本形がつくれます。例えば lernen「学ぶ」は語幹 lern に –te をつけると過去基本形になり，ge——t をつけると過去分詞になります。

不定詞		過去基本形	過去分詞
——[e]n		——te	ge——t
lernen レルネン	学ぶ	lernte レルンテ	gelernt ゲレルント
lieben リーベン	愛する	liebte リープテ	geliebt ゲリープト
lächeln レッヒェルン	微笑する	lächelte レッヒェルテ	gelächelt ゲレッヒェルト

93

語幹が t, d などに終わる動詞は現在人称変化の場合と同じように過去基本形・過去分詞で**口調の e** が入ります。

warten ヴァルテン	待つ	**wartete** ヴァルテテ	**gewartet** ゲヴァルテット
reden レーデン	語る	**redete** レーデテ	**geredet** ゲレーデット

② **不規則動詞**

規則動詞は3基本形の語幹が同じですが，不規則動詞の場合は語幹の母音が変わるのが特徴です。不規則動詞の数はそれほど多くないのですが，重要な動詞が多いので，英語で *go, went, gone* などと覚えた時のように1つずつ暗記して下さい。次の3基本形を覚えてしまったら，巻末の変化表でほかの動詞も暗記しましょう。

不定詞 ———en		過去基本形 ×——	過去分詞 ge—×—en
gehen ゲーエン	行く	**ging** ギング	**gegangen** ゲガンゲン
kommen コンメン	来る	**kam** カーム	**gekommen** ゲコンメン
lesen レーゼン	読む	**las** ラース	**gelesen** ゲレーゼン
nehmen ネーメン	取る	**nahm** ナーム	**genommen** ゲノンメン
schlafen シュラーフェン	眠る	**schlief** シュリーフ	**geschlafen** ゲシュラーフェン
stehen シュテーエン	立っている	**stand** シュタント	**gestanden** ゲシュタンデン

上の動詞はどれも語幹が変わるだけでなく，語尾も規則動詞とは違っています。すなわち過去基本形に **–te** の語尾がなく，また過去分詞は **ge——t** でなく，**ge——en** です。4課で学んだ a → ä 型動詞と e → i[e] 型動詞は，すべてこのような不規則動詞です。

Lektion 14 動詞の3基本形

なお，不規則動詞の中には規則動詞と同じ語尾を持つものも少数あります。

bringen ブリンゲン	持って行く＜来る＞	brachte ブラハテ	gebracht ゲブラハト
denken デンケン	考える	dachte ダハテ	gedacht ゲダハト
kennen ケンネン	（人・物を）知っている	kannte カンテ	gekannt ゲカント
wissen ヴィッセン	（事柄を）知っている	wusste ヴステ	gewusst ゲヴスト

重要動詞 sein, haben, werden の3基本形は次のとおりです。

sein ザイン	ある	war ヴァール	gewesen ゲヴェーゼン
haben ハーベン	持っている	hatte ハッテ	gehabt ゲハープト
werden ヴェーアデン	…になる	wurde ヴルデ	geworden ゲヴォルデン

§2 注意すべき3基本形

① 過去分詞に ge- をつけない動詞

第1音節にアクセントのない動詞は過去分詞に ge- がつきません。それには –ieren に終わる動詞と，be–, er–, ge–, ver– などアクセントのない前つづりを持つ動詞，つまり非分離動詞があります。

ieren 型動詞（アクセントは ieren にあり全部規則動詞）

studíeren シュトゥディーレン	大学で学ぶ	studierte シュトゥディーアテ	△studiert シュトゥディーアト
reparíeren レパリーレン	修理する	reparierte レパリーアテ	△repariert レパリーアト

非分離動詞

bekómmen ベコンメン	得る	bekam ベカーム	△bekommen ベコンメン
gehören ゲヘーレン	属する	gehörte ゲヘーアテ	△gehört ゲヘーアト

② **分離動詞**

過去基本形は分離し，また過去分詞の ge- は前つづりと基礎動詞の間にはさまれます。

an	kommen	到着する	kam an	an**ge**kommen
アン・コンメン		カーム アン	アン・ゲコンメン
vor	stellen	紹介する	stellte vor	vor**ge**stellt
フォーア・シュテレン		シュテルテ フォーア	フォーア・ゲシュテルト

注 非分離動詞や分離動詞の3基本形は基礎動詞をもとにしてつくります。

stehen	立っている	stand	gestanden
verstehen	理解する	verstand	verstanden
auf|stehen	起床する	stand auf	aufgestanden

§3 過去人称変化

過去基本形は，そのまま単数1人称・3人称の定動詞になります。

不定詞	過去基本形	過去分詞
kommen	**kam**	gekommen

↓

ich **kam** 私は来た
er **kam** 彼は来た

その他の人称は現在形と同様の語尾になります。

		lernen 学ぶ レルネン	**kommen** 来る コンメン	**wissen** 知っている ヴィッセン
ich	——	lernte△ レルンテ	kam△ カーム	wusste△ ヴステ
du	——st	lerntest レルンテスト	kamst カームスト	wusstest ヴステスト
er	——	lernte△ レルンテ	kam△ カーム	wusste△ ヴステ
wir	——[e]n	lernten レルンテン	kamen カーメン	wussten ヴステン
ihr	——t	lerntet レルンテット	kamt カームト	wusstet ヴステット
sie	——[e]n	lernten	kamen	wussten

Lektion 14 動詞の3基本形

辞書のひきかた

過去形の動詞は不定詞に戻して辞書をひかなければなりません。
   Du wohntest ...
この文で wohntest の –st は du に対する人称語尾ですから，これを除いた wohnte が過去基本形です。この wohnte から過去語尾 –te を除いた wohn が語幹で，これに不定詞語尾 –en をつけた wohnen「住む」が不定詞です。
   過去分詞も語幹だけとり出して不定詞をもとめます。
   不規則動詞の場合は，次のように辞書の見出し語になっています。
   ging → gehen
   getan → tun
だからといって，過去形や過去分詞をいちいち辞書でひいているようでは心細い限りですから，なるべく早く主要な動詞の3基本形は本書の巻末の変化表で暗記してしまって下さい。

Übung 14 (vierzehn) CD▶36
フィアツェーン

A 和訳しましょう。

1. Ich fragte, aber sie lächelte nur und antwortete nicht.
   フラークテ　アーバー　　　レッヒェルテ ヌーア　　　アントヴォルテテ

2. Warst du gestern krank ? — Ja, ich hatte Kopfschmerzen.
   ヴァールスト　ゲスターン　　　　　　　　　　　コップフ・シュメルツェン

3. Ich kannte ihn, aber ich wusste nicht, wo er wohnte.
   カンテ　　　　　　　ヴステ　　　　ヴォー　　ヴォーンテ

4. Ihr schlieft immer ein, während ich euch ein Märchen vorlas.
   シュリーフト　アイン　ヴェーレント　オイヒ　　メーアヒェン フォーア・ラース

5. Sie überquerte die Straße, obwohl die Ampel rot zeigte.
   ユーバークヴェーアテ　シュトラーセ　オブヴォール　　アンペル ロート ツァイクテ

6. Wenn wir in Berlin waren, gingen wir immer in die Oper.
   ヴェン　　　ベルリーン ヴァーレン　　　　　　　　　　オーパー

7. Als sie es hörte, wurde sie ganz rot.
   アルス　　　ヘーアテ　ヴルデ　　ガンツ ロート

単語　gestern きのう　　Kopfschmerzen 複（単なし）頭痛　　Ampel 女 交通信号
　　　in die Oper gehen オペラを見に行く　als …したとき　ganz 全く

B 動詞を過去形に変えて，和訳しましょう。

1. Die Medizin wirkt langsam.
2. Bald kommen die Gäste am Bahnhof an.
3. Ich stelle ihm meine Schwester vor.
4. Er ist Optimist und verliert nie die Hoffnung.
5. Seitdem isst sie nichts, schläft wenig und weint nur.
6. Wisst ihr seine Adresse ?
7. Du wartest, aber deine Freundin kommt nicht.

単語 Medizin 薬　　wirken 効く　　langsam ゆっくりした

verlieren 失う　　Hoffnung 囡 希望　　seitdem それ以来

wenig 少ししか…ない　　Adresse 囡 住所

解答 **A**
1. 私は聞いた，しかし彼女は微笑するだけで答えなかった。
2. 君はきのう病気だったのですか。―はい，僕は頭が痛かったのです。
3. 私は彼を知っていたが，彼がどこに住んでいるかは知らなかった。
4. 私がお前たちに童話を読んで聞かせている間に，お前たちはいつも眠り込んだ。
5. 信号が赤なのに彼女は道路を渡った。
6. 私たちはベルリンに来ているときは，いつもオペラを見に行きました。
7. 彼女はそれを聞くと，真赤になった。

B
1. Die Medizin wirkte langsam.
   その薬はゆっくり効いた。
2. Bald kamen die Gäste am Bahnhof an.
   まもなく客たちは駅に着いた。
3. Ich stellte ihm meine Schwester vor.
   私は彼に私の姉＜妹＞を紹介した。

Lektion 14 動詞の3基本形

4. Er war Optimist und verlor nie die Hoffnung.
   彼は楽観主義者で，決して希望を失わなかった。
5. Seitdem aß sie nichts, schlief wenig und weinte nur.
   それ以来彼女は何も食べず，あまり眠らず，そして泣いてばかりいた。
6. Wusstet ihr seine Adresse?
   君たちは彼の住所を知っていたのか。
7. Du wartetest, aber deine Freundin kam nicht.
   君は待っていたが，君のガールフレンドは来なかった。

als と wenn

als は過去の1回だけの出来事を表わします。
Als ich *gestern* nach Münster kam, regnete es.
　　　　ゲスターン　ナーハ　ミュンスター　　　レーグネテ
きのうミュンスター（都市名）へ来たとき，雨が降っていた。
wenn は過去のことを述べる場合は，繰り返された出来事を表わします。
Wenn ich nach Münster kam, regnete es *immer*.
ミュンスターへ来たときは，いつも雨が降っていた。
なお，wenn は現在や未来のことにも使えますが，als は過去のことにしか使えません。

Lektion 15 (fünfzehn) CD▶37
フュンフツェーン

完了形

> **haben 支配**　Das Kind **hat** lange **geschlafen**.
> 　　　　　　　　　キント　　　　　ランゲ　　ゲシュラーフェン
> 　　　　　　子供は長く眠りました。
>
> **sein 支配**　Das Kind **ist** schon **eingeschlafen**.
> 　　　　　　　　　　　　　　　ショーン　アイン・ゲシュラーフェン
> 　　　　　　子供はもう寝つきました。

逐語訳　das Kind 甲¹ 子供は　lange 長く　hat …geschlafen(< schlafen) 眠った。
　　　　　das Kind 甲¹ 子供は　schon すでに　ist …eingeschlafen(< ein|schlafen) 眠り込んだ。

§1　haben 支配と sein 支配

　上の例文はどちらも現在完了形ですが，はじめの文は **haben**＋過去分詞で構成されているのに対し，2番目の文は **sein**＋過去分詞になっています。

　ドイツ語の動詞は完了の助動詞として haben を用いるもの（haben 支配動詞）が多いのですが，自動詞のなかには sein を用いるもの（sein 支配動詞）もあります。他動詞は全部 haben 支配です。

§2　sein 支配動詞

　sein で完了形をつくる動詞は次のとおりです。

① **場所の移動を表わす自動詞**（行く・来る型）

gehen ゲーエン	行く	**kommen** コンメン	来る	
fahren ファーレン	（乗物で）行く	**reisen** ライゼン	旅行する	
fallen ファレン	落ちる	**steigen** シュタイゲン	登る	*etc.*

　これらは gehen「行く」と**意味形態**（意味のタイプ）が同じなのです。たとえば，fallen「落ちる」は「下へ行く」と考えることができます。

Lektion 15 完了形

② **状態の変化を表わす助動詞**（なる型）

werden ヴェーアデン	…になる	sterben シュテルベン	死ぬ
genesen ゲネーゼン	（病気が）なおる	reifen ライフェン	熟する
ein|schlafen アイン・シュラーフェン	眠り込む	erwachen エアヴァッヘン	目覚める

etc.

これらの動詞は werden「…になる」と**意味形態**が同じです。たとえば，sterben「死ぬ」は tot werden「死んだ状態になる」，einschlafen「眠り込む」は「眠っている状態になる」と考えられます。

③ **その他**　　**sein**　ある　　　　**bleiben**　とどまる

辞書のひきかた

自動詞のうち完了形をつくる際 sein を用いるもの，つまり sein 支配の動詞は辞書では自動詞を示す 圁 または *i*. の記号のあとに（*s*.）で示されています。
　gehen* [géːən] 圁（または *i*.）（*s*.）行く
　haben 支配の自動詞には（*h*.）の記号がついている場合もありますが，何も記号がないこともあります。（*s*.）のない動詞はすべて haben 支配です。
　なお，gehen*などの動詞の肩の*は不規則動詞を示します。

§3　現在完了形

haben または **sein** の現在形と**過去分詞**でつくりますが，過去分詞は主文では文末に置かれて**ワク構造**になります。

	haben 支配	**sein** 支配
不 定 詞	**lernen** 学ぶ	**kommen** 来る
完了不定詞	**gelernt haben**	**gekommen sein**

> ich **habe** ...... **gelernt**
> 　イヒ　ハーベ　　　ゲレルント
> 　私は学んでしまった〈学んだ〉
>
> ich **bin** ...... **gekommen**
> 　　　ビン　　　　ゲコンメン
> 　私は来てしまっている〈来た〉

現在完了形には次のような用法があります。

① **動作の完了とその結果**

Ich habe meinen Pass **verloren**.
　　　　　　　　　　　フェアローレン

私はパスポートを失くしてしまった。（今私はパスポートを持っていない）

|単語| Pass 男 パスポート

Der Winter ist gekommen.　冬が来た。（今は冬だ）
　　ヴィンター

② **現在までの経験**

Ich bin einmal in Deutschland **gewesen**.
　　　　　アインマール　　ドイチュラント　　ゲヴェーゼン

私はドイツへ行ったことがあります。（直訳：ドイツにいたことがある）

③ **過去形の代わりに**

英語なら過去形を用いるような場合に，日常会話では好んで現在完了形を用います。英語と違って，gestern（英 *yesterday*）のような過去を表わす副詞があっても現在完了形を用いることができます。

Gestern hat er mich **angerufen**.　きのう彼から電話がありました。
　ゲスターン　　　　　　　　　アン・ゲルーフェン

§4　過去完了形

haben または **sein** の過去形＋過去分詞でつくります。

> **ich hatte ...... gelernt**　　　　**ich war ...... gekommen**
> 　イヒ　ハッテ　　　　ゲレルント　　　　　ヴァール　　　　ゲコンメン
> 　　私は学んでしまっていた　　　　　　　私は来てしまっていた

過去完了形は過去のある時点を基準にして，それまでに完了した動作を表わします。

Nachdem der Vater gestorben war, heiratete die Mutter wieder.
　ナーハデーム　　　ファーター　ゲシュトルベン　ヴァール　ハイラーテテ　　　ムッター　　ヴィーダー

父が死んだのち，母は再婚しました。

|単語| wieder 再び

Lektion 15 完了形

§5 未来完了形

werden ＋完了不定詞でつくります。

ich **werde** ……
- **gelernt haben** （ゲレルント　ハーベン）　私は学んでしまっているだろう
- **gekommen sein** （ゲコンメン　ザイン）　私は来てしまっているだろう

未来完了形は未来のある時点までに完了するであろう動作を表わすのに用います。

Bis morgen werde ich diesen Roman gelesen haben.
（モルゲン　ヴェーアデ　ディーゼン　ロマーン　ゲレーゼン）
明日までに私はこの長編小説を読んでしまっているでしょう。

単語　bis …までに　morgen あす　Roman 男 長編小説

この形式は過去に関する推量を表わすのに好んで用いられます。

Er wird wohl krank gewesen sein.
（ヴォール　ゲヴェーゼン　ザイン）
彼はたぶん病気だったのでしょう。

単語　wohl たぶん

Übung 15 (fünfzehn) CD▶38
（フュンフツェーン）

A 和訳しましょう。

1. Wie viel hat Ihre Uhr gekostet? — Ich habe den Preis vergessen.
   （ヴィーフィール　イーレ　ウーア　ゲコステット　　　　　　　プライス　フェアゲッセン）

2. Der Hund ist ins Wasser gesprungen und hat den Ball geholt.
   （フント　　　　ヴァッサー　ゲシュプルンゲン　　　　　　バル　ゲホールト）

3. Hast du gut geschlafen? — Nein, schlecht. Ich bin erst gegen drei
   （ゲシュラーフェン　　　　　シュレヒト　　　　　エーアスト ゲーゲン ドライ）

   Uhr eingeschlafen.
   （ウーア アイン・ゲシュラーフェン）

4. Sind Sie schon einmal in Deutschland gewesen? — Ja, ich habe
   （ズィント　ショーン アインマール　ドイチュラント　ゲヴェーゼン）

zwei Jahre in Bonn studiert.

5. Der Arzt kam zu spät. Der Kranke war schon gestorben.

6. Nachdem alle Redner gesprochen hatten, begann die Diskussion.

7. Morgen um diese Zeit werden wir in Hamburg angekommen sein.

8. Ich habe Ihre Kinder lange nicht mehr gesehen. Sie werden sicher sehr groß geworden sein.

単語 wie viel どれくらい　Uhr 囡 時計　kosten 値する，…の値段である
Preis 男 価格　vergessen 忘れる　Hund 男 犬
springen 跳ぶ　Ball 男 ボール　holen 取って来る
schlecht 悪い　erst やっと　gegen drei Uhr 3時頃
zu あまりに　spät おそい　Redner 男 話し手，講演者
beginnen 始まる　Diskussion 囡 討論　um diese Zeit この時間に
sicher きっと

B　カッコ内の時制に書き換えて，和訳しましょう。

1. Die Diskussion dauert bis in die Nacht.（現在完了形に）

2. Du schläfst schnell ein und schläfst lange.（現在完了形に）

3. Unser Lehrer vergaß es.（過去完了形に）

4. Bis fünf Uhr werden wir Ihr Auto reparieren.（未来完了形に）

単語 Nacht 囡 夜

Lektion 15 完了形

解答

A
1. あなたの時計はいくらしましたか。―私はその値段を忘れてしまいました。
2. 犬は水の中へ跳び込み，ボールを取って来ました。
3. 君はよく眠れましたか。―いいえ，駄目でした。私は3時頃になってやっと寝つけました。
4. あなたはドイツへ行ったことがありますか。―はい，私は2年間ボンの大学で勉強しました。
5. 医者の来るのが遅すぎました。病人はすでに死んでしまっていました。
6. すべての講演者が話したあとで，討論が始まりました。
7. あすの今頃には私たちはハンブルクに着いているでしょう。
8. 私はあなたの子供さんたちにもう長いこと会っていません。きっととても大きくなったことでしょう。

B
1. Die Diskussion hat bis in die Nacht gedauert.
   討論は夜中まで続きました。
2. Du bist schnell eingeschlafen und hast lange geschlafen.
   君はすぐに眠り込み，長く眠りました。
3. Unser Lehrer hatte es vergessen.
   私たちの先生はそれを忘れてしまっていました。
4. Bis fünf Uhr werden wir Ihr Auto repariert haben.
   5時までに私たちはあなたの自動車を修理してしまっているでしょう。

日付・西暦

Heute ist der 5. (fünfte) Mai.　きょうは5月5日です。
ホイテ　　　　　　　　フュンフテ　マイ

Berlin, den 1. (ersten) April 1996 (neuzehn**hundert**sechsundneunzig)
ベルリーン　デン　　エーアステン　アプリル　ノインツェーン・フンダート・ゼックス・ウント・ノインツィヒ
　ベルリンにて，1996年4月1日（手紙などの日付）

Goethe wurde am 28. (achtundzwanzigsten) Augst 1749 (siebzehn-
ゲーテ　　ヴルデ　　　　アハト・ウント・ツヴァンツィヒステン　アオグスト　　　ズィープツェーン・

hundertneunundvierzig) geboren.
フンダート・ノイン・ウント・フィアツィヒ　ゲボーレン
　ゲーテは1749年8月28日に生まれた。

注　①日付には序数を用い，あとに Tag「日」があるように格変化します。
　　②西暦は2ケタずつ区切って読み，間に hundert「百」を入れます。ただし，1099年までと2000～2099はふつうの基数の読み方です。
　　　例　2001 zweitausendeins
　　　　　　ツヴァイタオゼント・アインス

Lektion 16 (sechzehn) CD▶39
ゼヒツェーン

命令法

> **du**に対して　**Geh[e]** sofort nach Hause und **hilf** den Eltern!
> ゲー[エ]　ゾフォルト　ナーハ　ハオゼ　ウント　ヒルフ　エルターン
> すぐ家に帰って両親を手伝いなさい。
>
> **ihr**に対して　**Geht** sofort nach Hause und **helft** den Eltern!

逐語訳 sofort すぐに　nach Hause 家へ　geh[e] / geht（＜gehen）行け, und そして
den Eltern 複³ 両親に　hilf / helft（＜helfen）手伝え。

§ 1　命令法

du に対しては，原則として不定詞の語幹に –e をつけますが，この –e はしばしば省かれます。たとえば schlafen の場合,

　　schlafe!「眠れ」または **schlaf!** です。
　　シュラーフェ　　　　　　　　シュラーフ

schlafen や gehen のような不規則動詞の場合は e を省く方がふつうです。
ihr に対しては，現在形 ihr schlaft などの主語を省いた形です。

　　schlaft!
　　シュラーフト

Sie に対しては，疑問文と同じ形になることは既に学びました。
以上を表にすると次のとおりです。

不定詞		du に対して	ihr に対して	Sie に対して
——[e]n		——[e]!	——t!	——[e]n Sie!
schlafen シュラーフェン	眠る	schlaf[e]! シュラーフ[エ]	schlaft! シュラーフト	schlafen Sie! シュラーフェン ズィー
warten ヴァルテン	待つ	warte! ヴァルテ	wartet! ヴァルテット	warten Sie!
lächeln レッヒェルン	微笑する	lächle! レッヒレ	lächelt! レッヒェルト	lächeln Sie!

なお，e → i[e] 型動詞は du に対する命令法も e が i または ie になり，語尾 –e をつけません。

sprechen (du sprichst)	話す	**sprich!**
シュプレッヒェン		シュプリヒ
sehen (du siehst)	見る	**sieh!**
ゼーエン		ズィー

sein の命令法は次のとおりです。Sie に対する形は sind Sie! ではありません。

| sein | ある | **sei!** | **seid!** | **seien Sie!** |
| ザイン | | ザイ | ザイト | ザイエン |

Sie に対する命令文が疑問文と違う形になるのは sein 1語だけです。

§2　現在分詞

不定詞に –d をつけてつくり，「…しつつある」「…する」の意味の形容詞として，また「…しながら」の意味の副詞として用います。

> 現在分詞＝不定詞＋d
> denken 考える → **denkend**
> lächeln 微笑する → **lächelnd**

Der Mensch ist ein **denkendes** Schilf. (Pascal)
　メンシュ　　　　　　デンケンデス　シルフ　パスカル
人間は考える葦である。

単語 Schilf 中 葦（あし）

Das Mädchen grüßte uns **lächelnd**.
　メートヒェン　グリュースようス　レッヒェルント
少女は微笑しながら私たちにあいさつした。

Übung 16 (sechzehn) [CD▶40]
ゼヒツェーン

A 和訳しましょう。

1. Überquere die Straße nur bei grünem Licht!
   ユーバークヴェーレ　　シュトラーセ　ヌーア　バイ　グリューネム　　リヒト

2. Sei nicht so geizig! Gib mir auch Schokolade!
   ザイ　　　　　ガイツィヒ　ギープ　　　　アオホ　ショコラーデ

107

3. Sieh Neapel und dann stirb! (Sprichwort)

4. Verliebe dich oft, verlobe dich selten, heirate nie! (Sprichwort)

5. Kommt näher zum Feuer und wärmt euch!

6. Fließendes Wasser ist frisch, stehendes wird faul.

7. Sterbend sagte Goethe* : „Mehr Licht!"

注 **Goethe**: oe は ö と同じに読みます。

単語 geizig 欲張りの，けちな　　Schokolade 囡 チョコレート　　Sprichwort 囲 諺
sich⁴ verlieben 惚れる　　sich⁴ verloben 婚約する　　wärmen 暖める
näher より近い　　Feuer 囲 火　　fließen 流れる
faul 腐った　　mehr 英 more

B 和訳し，du と ihr に対する命令文に書き換えましょう。

1. Schlafen Sie gut!

2. Geben Sie mir bitte Ihre Adresse!

3. Fahren Sie langsam! Sprechen Sie nicht! Seien Sie vorsichtig!

4. Grüßen Sie bitte Ihre Eltern von mir!

単語 vorsichtig 慎重な　　grüßen あいさつする，よろしく言う

解答　A　1. 青信号の時だけ道路を渡れ。
2. そんなに欲張るな。僕にもチョコレートをくれ。
3. ナポリを見てから死ね。（諺）
4. しょっちゅう惚れよ。めったに婚約するな。決して結婚するな。（諺）
5. （君たち）もっと火の近くへ来て，暖まりなさい。
6. 流れている水は新鮮である。淀んだ水は腐る。
7. 死ぬときゲーテは言った，「もっと光を!」と。

Lektion 16 命令法

   B 1. ぐっすり眠りなさい。
        Schlaf[e] <Schaft> gut!
     2. どうぞあなたの住所を教えて下さい。
        Gib <Gebt> mir bitte deine <eure> Adresse!
     3. ゆっくりと運転せよ。話をするな。慎重であれ。
        Fahr <Fahrt> langsam! Sprich <Sprecht> nicht!
        Sei <Seid> vorsichtig!
     4. ご両親に私からよろしくお伝え下さい。
        Grüß[e] <Grüßt> bitte deine <eure> Eltern von mir!

時　刻

①公式な表現（鉄道・テレビ・ラジオ等）24時間制で

  14.15   vierzehn Uhr fünfzehn
            フィアツェーン ウーア フュンフツェーン

  21.30   einundzwanzig Uhr dreißig
            アイン・ウント・ツヴァンツィヒ　ドライスィヒ

②日常会話での表現

  30分，15分はふつう halb「半」, viertel「$\frac{1}{4}$」によって表します。

  4.30   halb fünf   （＜5時に向かって半時間）
           ハルプ フュンフ

  6.15   viertel* sieben   （＜7時に向かって$\frac{1}{4}$時間）
           フィアテル ズィーベン

          Viertel* nach sechs
                 ナーハ ゼックス

  7.45   drei viertel acht   （＜8時に向かって$\frac{3}{4}$時間）
           ドライ　　　アハト

          Viertel vor acht
               フォーア

  3.21   einundzwanzig [Minuten] nach drei
           アイン・ウント・ツヴァンツィヒ ［ミヌーテン］ ナーハ ドライ

  9.56   vier [Minuten] vor zehn
           フィーア ［ミヌーテン］ フォーア ツェーン

注 **viertel, Viertel**：時刻を表す数詞の直前では小文字で書き，前置詞を介する場合には大文字で書きます。

Lektion 17 (siebzehn) CD▶41
ズィープツェーン

受動

動作受動	Das Ei **wird gekocht**. アイ ヴィルト ゲコホト	卵がゆでられる。
状態受動	Das Ei **ist gekocht**. アイ	卵がゆで[られ]てある。

逐語訳 das Ei 甲¹ 卵が wird gekocht (< kochen) ゆでられる。
das Ei 甲¹ 卵が ist gekocht ゆでられてある。

§1 2種の受動

上の例文はどちらも受動文ですが，定動詞が wird と ist というふうに異なっています。受動の助動詞として werden を用いると，「…される」というふつうの受動，また sein を用いると，「…されてある」という動作が行なわれたあとの状態を表わします。前者を動作受動，後者を状態受動といいます。単に受動という場合は動作受動のことです。

動作受動	werden ＋過去分詞
状態受動	sein ＋ 過去分詞

§2 受動形の時制

ふつうよく使われるのは次の4時制です。

不定詞		**loben** ローベン	ほめる
受動不定詞		**gelobt werden** ゲロープト ヴェーアデン	ほめられる
現在形	ich	**werde ...... gelobt** ヴェーアデ ゲロープト	私はほめられる
過去形	ich	**wurde ...... gelobt** ヴルデ	
未来形	ich	**werde ...... gelobt werden** ヴェーアデ ヴェーアデン	
現在完了形	ich	**bin ...... gelobt worden** ヴォルデン	

Lektion 17 受動

> 注 完了の助動詞は sein です。また「…になる」という本動詞の werden の過去分詞は geworden ですが、受動の werden の過去分詞は ge− がない worden です。

§3 能動から受動へ

能動文を受動文に変えるには動詞を werden ＋過去分詞にするほか、能動文の4格目的語を1格に変えて受動文の主語にし、能動文の主語は受動文では von ＋3格にします。

能動		受動
4格	→	1格
1格	→	von ＋ 3格

Der Vater lobt **das Kind**.　父が子供をほめる。
ファーター ロープト　　キント

Das Kind wird **von dem Vater** gelobt.　子供は父にほめられる。
ヴィルト フォン　　　　　　　　　　ゲロープト

自動詞の場合は能動文に4格の目的語がないので、受動文では意味のない es を主語にしますが、この es は文頭以外では消滅します。

Man **tanzte** gestern in diesem Café.
　　　 タンツテ　ゲスターン　ディーゼム　カフェー
人びとはきのうこの喫茶店でダンスをした。

Es **wurde** gestern in diesem Café **getanzt**.
　　ヴルデ　　　　　　　　　　　　　　ゲタンツト　　きのうこの喫茶店でダンス
Gestern **wurde** in diesem Café **getanzt**.　　　が行なわれた。

なお、能動文の man は漠然とした意味の語なので受動文では表現しません。

§4 過去分詞

完了形や受動形をつくるほか、形容詞としても用います。他動詞の過去分詞は「…された」という受動の意味、また sein 支配の自動詞の過去分詞は「…した」という能動の意味です。

　　　das **verbotene** Spiel　禁じられた遊び（＜他動詞 verbieten　禁ずる）
　　　　 フェアボーテネ　シュピール
　　　der **gefallene** Schnee　降った雪（＜自動詞 fallen　落ちる）
　　　　 ゲファレネ　　シュネー

なお、haben 支配の自動詞の過去分詞は原則として形容詞としては用いません。

111

Übung 17 (siebzehn) CD▶42

A 和訳しましょう。

1. Das Tor ist noch geschlossen. Es wird um neun Uhr geöffnet.

2. Ich werde jeden Morgen von meiner Mutter geweckt.

3. Amerika wurde 1492 (vierzehnhundertzweiundneunzig) von Kolumbus entdeckt.

4. Das Paket wird morgen von dem Sohn zur Post gebracht werden.

5. Das gestohlene Auto ist wieder gefunden worden.

6. Es wird nicht geraucht, während gegessen wird.

7. Das gescholtene Kind ging weinend zu Bett.

単語 Tor 中 門　　schließen 閉める　　öffnen 開ける
jeden Morgen 毎朝（副詞的4格）　　wecken 目覚めさせる
entdecken 発見する　　Paket 中 小包　　schelten 叱る
zu Bett gehen 床につく

B 和訳し，受動文に書き換えましょう。

1. Der Sohn ordnet die Briefe.

2. Die Tochter holt den Gast am Bahnhof ab.

3. Gestern diskutierte man bis spät in die Nacht.

4. Die Polizei wird den Räuber bald fangen.

5. Welcher Hund hat dich gebissen?

Lektion 17 受動

単語 ordnen 整理する　　ab|holen 迎えに行く，連れて来る
diskutieren 討論する　　Polizei 囡 警察　　Räuber 男 強盗
fangen 捕える　　beißen 噛む

解答

A 1. 門はまだ閉まっている。それは9時に開けられる。
2. 私は毎朝私の母に起こされる。
3. アメリカは1492年コロンブスによって発見された。
4. 小包はあす息子によって郵便局へ持って行かれるでしょう。
5. 盗まれた自動車は再び見つけられました。
6. 食事がなされている間は喫煙されません。
7. 叱られた子供は泣きながら床についた。

B 1. 息子が手紙を整理する。
　　Die Briefe werden von dem Sohn geordnet.
2. 娘が客を駅に迎えに行く。
　　Der Gast wird von der Tochter am Bahnhof abgeholt.
3. きのう夜おそくまで議論しました。
　　Gestern wurde bis spät in die Nacht diskutiert.
4. 警察はまもなくその強盗を捕えるでしょう。
　　Der Räuber wird bald von der Polizei gefangen werden.
5. どの犬が君を噛んだのですか。
　　Von welchem Hund bist du gebissen worden?

Lektion 18 (achtzehn) CD▶43
アハツェーン

zu 不定詞

> Es macht mir Spaß, Deutsch zu lernen.
> マハト ミーア シュパース ドイチュ ツー レルネン
> ドイツ語を学ぶことは私にとって楽しい。

逐語訳 Deutsch 中⁴ ドイツ語を　zu lernen 学ぶことは　es（それは）　mir 私に　Spaß 男⁴ 楽しみを　macht（＜machen）つくる。

§1　zu 不定詞と zu 不定詞句

　不定詞に zu（英 *to*）をつけたものを zu 不定詞といい，ふつう「**…すること**」という名詞的意味を持っています。分離動詞の場合は zu を前つづりと基礎動詞の間にはさみ，1 語に書きます。

分離動詞の場合に注意

　また zu 不定詞に目的語や副詞などがついて拡張されたものを zu 不定詞句といいます。不定詞句の語順は日本語とほぼ同じで，最後に来るのが不定詞ですから，それに zu がつくわけです。

zu 不定詞	**zu** trinken 飲むこと ツー
分離動詞の場合	aus**zu**trinken (<aus|trinken) 飲み干すこと アオス・ツー・トリンケン
zu 不定詞句	morgens Milch **zu** trinken 朝牛乳を飲むこと モルゲンス　ミルヒ
完了 **zu** 不定詞句	morgens Milch getrunken **zu** haben ゲトルンケン 朝牛乳を飲んだこと

§2　zu 不定詞［句］の基本的用法

　zu 不定詞［句］は「…すること」という名詞的な意味を持つので，主語や目的語になります。また名詞の 2 格のように他の名詞のあとに置いてそれを規定することもできます。

Lektion 18 zu 不定詞

① **主語として**

Auf der Straße **zu** spielen ist gefährlich.
アオフ　　シュトラーセ　ツー　シュピーレン　　ゲフェーアリヒ
道路で遊ぶことは危険です。

単語 gefährlich 危険な

　文頭に zu 不定詞句を置くと，頭が重くなるため，仮の主語 es を文頭に置いて，zu 不定詞句をあとまわしにする構文が好まれます。

Es ist gefährlich, auf der Straße **zu** spielen.　（同上）

② **目的語として**

Der Vater verbietet den Kindern, auf der Straße **zu** spielen.
ファーター　フェアビーテット　　キンダーン
父は子供たちに，道路で遊ぶことを禁じます。

単語 verbieten 禁ずる

③ **名詞を規定する**

Ich habe die Gewohnheit, vor dem Schlafengehen ein Glas Wein
　　　　　ゲヴォーンハイト　フォーア　　シュラーフェン・ゲーエン　　　グラース　ヴァイン
zu trinken.　私には就寝前にワインを1杯飲む習慣がある。

単語 Gewohnheit 囡 習慣　Schlafengehen 中 就寝

§3　zu 不定詞[句]を含む熟語

zu 不定詞[句]は um, ohne, statt とともに次の熟語をつくります。

um ウム	+ zu 不定詞[句]	…するために
ohne オーネ	+ zu 不定詞[句]	…することなしに
statt シュタット	+ zu 不定詞[句]	…する代わりに

Ich gehe zum Flughafen, **um** die Gäste ab**zu**holen.
ゲーエ　ツム　フルーク・ハーフェン　　　　ゲステ　アップ・ツー・ホーレン
私は客たちを迎えに空港へ行く。

115

Sie lernt Deutsch, **ohne** einen Kurs **zu** besuchen.
オーネ　　　　　クルス　　　ベズーヘン

彼女は講習に通わずにドイツ語を学ぶ。

単語 Kurs 男 講習

Er schickte mir seinen Sohn, **statt** selbst **zu** kommen.
シックテ　ミーア　ザイネン　ゾーン　シュタットゼルプスト

彼は自分で来る代わりに息子を寄こした。

単語 schicken 行かせる，送る　　selbst 自分で

§4　sein＋zu 不定詞

「…されうる」「…されなければならない」の意味です。

Dieses Ziel ist **zu** erreichen.
ディーゼス ツィール　　エアライヒェン

= Dieses Ziel $\begin{Bmatrix} \text{\textbf{kann}} \\ \text{\textbf{muss}} \end{Bmatrix}$ erreicht werden.

この目標は達成 | されうる。
　　　　　　　 | されなければならない。

単語 Ziel 中 目標　　erreichen 到達する，達成する

zu の3用法

① 前置詞「…［のところ］へ」	**zu** mir	私のところへ
② 副詞「あまりにも」	**zu** groß	大きすぎる
③ **zu** 不定詞［句］「…すること」	alles **zu** wissen	すべてを知っていること

Lektion 18 zu 不定詞

Übung 18 (achtzehn) CD▶44
アハツェーン

A 和訳しましょう。

1. Es ist dumm, immer der Mode zu folgen.
2. Vater erlaubt mir nicht, abends auszugehen.
3. Er hat die Gewohnheit, im Bett zu rauchen.
4. Bereust du schon, mich geheiratet zu haben?
5. Ich gehe zur Post, um Briefmarken und Postkarten zu kaufen.
6. Übersetze den Text, ohne ein Wörterbuch zu benutzen!
7. Ich rufe ihn an, statt ihm einen Brief zu schreiben.
8. Der Lärm ist nicht mehr zu ertragen.

単語 dumm 愚かな　　Mode 囡 流行　　erlauben 許可する
abends 晩に　　aus|gehen 外出する　　bereuen 後悔する
Briefmarke 囡 郵便切手　　übersetzen 翻訳する　　Text 男 テキスト
Wörterbuch 申 辞書　　Lärm 男 騒音　　ertragen 耐える

B 副文を zu 不定詞句に書き換えて，和訳しましょう。

1. Es ist nicht möglich, dass man alles weiß.
2. Ich verspreche, dass ich Sie Herrn Schmidt vorstelle.
3. Ich habe die Hoffnung, dass ich Sie bald wieder sehe.
4. Wir besuchen einen Kurs, damit wir Deutsch lernen.

単語 Hoffnung 囡 希望　　wieder sehen 再会する　　möglich 可能な
versprechen 約束する　　damit …するために

117

解答

A
1. いつも流行を追うのは愚かです。
2. 父は私が晩に外出するのを許しません。
3. 彼はベッドでタバコを吸う習慣がある。
4. 君は僕と結婚したことをもう後悔しているのかい。
5. 私は切手とはがきを買いに郵便局へ行く。
6. 辞書を使わずにこのテキストを翻訳しなさい。
7. 私は彼に手紙を書く代わりに彼に電話をします。
8. その騒音はもはや耐えられない。

B
1. Es ist nicht möglich, alles zu wissen.
   すべてを知っていることは可能ではない。
2. Ich verspreche, Sie Herrn Schmidt vorzustellen.
   私はあなたをシュミット氏に紹介することを約束します。
3. Ich habe die Hoffnung, Sie bald wieder zu sehen.
   私はあなたにまもなく再会することを望んでいます。
4. Wir besuchen einen Kurs, um Deutsch zu lernen.
   私たちはドイツ語を学ぶために講習に通います。

Lektion 19 (neunzehn) CD▶45
ノインツェーン

関係代名詞

---

① 指示代名詞　Ich habe einen Wagen, *der* **macht** viel Lärm.
　　　　　　　　　　　　　　　ヴァーゲン　デーア　マハト　フィール　レルム
　　　　　　　私は車を持っているが，その車は多くの騒音を出す。

② 関係代名詞　Ich habe einen Wagen, *der* viel Lärm **macht**.
　　　　　　　　　　　　　　　　　　　デーア
　　　　　　　私は多くの騒音を出す車を持っている。

逐語訳　ich 私は　einen Wagen 男⁴ 車を　habe（＜haben）持っている，der その車は
　　　　viel 多くの　Lärm 男⁴ 騒音を　macht（＜machen）出す（＜つくる）。
　　　　ich 私は　viel 多くの　Lärm 男⁴ 騒音を　macht 出す　der ところの　einen Wagen 男⁴
　　　　車を　habe 持っている。

§1　指示代名詞と関係代名詞

　上の2つの文は定動詞 macht の位置が違うだけで，あとの部分はまったく同じです。

　①の der は einen Wagen を受ける指示代名詞で，人称代名詞 er を強めたようなものですから，定動詞 macht は第2位に置かれています。

　②の macht はそれに対し，文末に位置しています。それはこの文の der が関係代名詞だからです。関係代名詞は従属接続詞の機能を兼ねる代名詞で，それに導かれる文（関係文）を先行詞（ここでは einen Wagen）に従属させているのです。つまり関係文は副文の一種なので定動詞が文末に置かれるのです。

> 関係文では
> 定動詞文末

　なお，関係代名詞には特定の先行詞を必要とするものと，先行詞を必要としないものがあります。

§2　先行詞の必要な関係代名詞（定関係代名詞）

　関係代名詞のうち最もふつうなものは der で，先行詞を必要とします。太字の箇所以外は定冠詞と同じですが，定冠詞より長く読みます。ただし das と dessen は短く読みます。

	男	女	中	複
1格	der デーア	die ディー	das ダス	die ディー
2格	**dessen** デッセン	**deren** デーレン	**dessen** デッセン	**deren** デーレン
3格	dem デーム	der デーア	dem デーム	**denen** デーネン
4格	den デーン	die ディー	das ダス	die ディー

関係文では前述のように定動詞を文末に置きますが，そのほか次の点にも注意が必要です。

> ① 関係代名詞の性と数は先行詞に一致する。
> ② 格は関係代名詞が関係文中で果たす役割によって決まる。
> ③ 主文と関係文の間にはコンマを打つ。

Kennen Sie den Studenten, der dort Gitarre spielt ?
シュトゥデンテン　デーア　　　　ギタレ　シュピールト
あそこでギターを弾いている大学生をあなたは知っていますか。

[注] **Der Student** spielt dort Gitarre.「その大学生があそこでギターを弾いている」と考えれば，関係代名詞が1格であるわけがわかります。

[単語] Gitarre 女 ギター

Der Student, dessen Vater erkrankt ist, reist morgen ab.
　　　　　　　デッセン　　　エアクランクト
父親が病気になった大学生はあす出発します。

[注] Der Vater **des Studenten** ist erkrankt.「その大学生の父が病気になった」と考えれば，関係代名詞が2格のわけがわかります。

[単語] erkranken 発病する　ab|reisen 旅立つ

Der Student, dem ich das Buch schicke, wohnt in Berlin.
　　　　　　　　　　　　　　　　　　　　ヴォーント　　ベルリーン
私がこの本を送る大学生はベルリンに住んでいます。

[注] **Dem Studenten** schicke ich das Buch.「その大学生に私はその本を送る」と考えれば，関係代名詞が3格のわけがわかります。

Der Student, **den** ich Ihnen vorstellen will, studiert Medizin.
私があなたに紹介しようと思う大学生は医学を学んでいます。

> 注 **Den Studenten** will ich Ihnen vorstellen.「その大学生を私はあなたに紹介しようと思う」と考えれば，関係代名詞が4格のわけがわかります。

§3　先行詞のいらない関係代名詞（不定関係代名詞）

次の関係代名詞は先行詞がそれ自体のなかに含まれているので，とくに先行詞を必要としません。

wer ヴェーア	（およそ）…する人は（英 *whoever*）
was ヴァス	（およそ）…するもの〈こと〉は〈を〉（英 *what, whatever*）

格変化は疑問代名詞 wer「誰」，was「何」と同じですが，実際によく用いられるのは wer（1格），was（1格・4格）の形です。

wer, was はそれぞれ指示代名詞 der, das で受け直すことがあります。

Wer lange lebt, [der] erfährt viel.
長く生きる人は多くのことを見聞する。

> 単語 erfahren（見たり聞いたりして）知る

Was Mode ist, [das] ist nicht immer schön.
流行のものが美しいとは限らない。

wer の3用法

疑 問 文	**Wer** hat Zeit?	暇のあるのは誰か。
疑問副文	Ich weiß nicht, **wer** Zeit hat.	
	暇のあるのは誰か，私は知らない。	
関 係 文	**Wer** Zeit hat, hat kein Geld.	
	暇のある者には金がない。	

was もこれに準じます。

Übung 19 (neunzehn) CD▶46

A 和訳しましょう。

1. Der Fluss, der durch die Lorelei berühmt ist, heißt Rhein.

2. Es gibt Krankheiten, deren Ursachen noch nicht klar sind.

3. Die Bank, auf der Sie sitzen, ist frisch gestrichen.

4. Ich will zu dem Arzt gehen, den Sie mir empfehlen.

5. Das Mädchen, das ich liebte, hat einen anderen Mann geheiratet.

6. Wer immer der Mode folgt, ist nicht klug.

7. Was in der Zeitung steht, ist nicht immer wahr.

単語 Fluss 男 川　　　　　　berühmt 有名な　　　　　heißen …という名前である
　　　Krankheit 女 病気　　　　Ursache 女 原因　　　　klar 明らかな
　　　Bank 女 ベンチ　　　　　frisch gestrichen ペンキ塗りたて
　　　ander 他の

B 空所に関係代名詞を補い，和訳しましょう。

1. Heute kommt meine Freundin, _____ in München studiert.

2. Die Touristen, _____ ich gestern den Weg zeigte, waren Deutsche.

3. Die Frau, _____ Mann gestorben ist, arbeitet in einem Supermarkt.

4. Zeigen Sie mir das Auto, _____ Sie gekauft haben!

Lektion 19 関係代名詞

5. _____ viel arbeitet, braucht viel Erholung.
   フィール　　　　ブラオホト　　　エアホールング

6. _____ man jung lernt, das bleibt.
   ユング　　　ブライプト

単語 Tourist 男 観光客　klug 利口な　brauchen 必要とする　Erholung 女 休養

解答　A　1. ローレライで有名な川はライン河といいます。
　　　　2. その原因がまだ明らかでない病気があります。
　　　　3. あなたが（その上に）座っているベンチはペンキ塗り立てです。
　　　　4. 私はあなたが私にすすめる医者へ行こうと思います。
　　　　5. 私が愛していた少女は，ほかの男と結婚してしまった。
　　　　6. いつも流行を追う人は利口ではありません。
　　　　7. 新聞にのっていることは，必ずしも真実ではない。

　　　B　1. die　きょう，ミュンヒェンの大学で勉強している私のガールフレンドが来ます。
　　　　2. denen　私がきのう道を教えた観光客たちは，ドイツ人でした。
　　　　3. deren　夫が死んでしまったその女性はスーパーマーケットで働いています。
　　　　4. das　あなたが買った自動車を私に見せてください。
　　　　5. Wer　沢山働く人は多くの休養を必要とする。
　　　　6. Was　若くして学んだことは身につく（＜残る）。

Lektion 20 (zwanzig) CD▶47
ツヴァンツィヒ

比　　較

> Der Quarz ist **hart**.
> クヴァルツ　　　　ハルト
> 石英は堅い。
>
> Der Saphir ist **härter** als der Quarz.
> ザフィーア　　　　ヘルター　アルス
> サファイアは石英より堅い。
>
> Aber der Diamant ist **am härtesten**.
> アーバー　ディアマント　　　　アム　ヘルテステン
> しかしダイヤモンドが一番堅い。

逐語訳　der Quarz 男¹ 石英は　hart 堅い　ist です。
　　　　der Saphir 男¹ サファイアは　der Quarz 男¹ 石英　als より　härter（＜hart）より堅い
　　　　ist です。
　　　　aber しかし　der Diamant 男¹ ダイヤモンドが　am härtesten 最も堅い　ist です。

§1　形容詞の比較形

　比較級の語尾は英語と同様 –er ですが，最上級は原則として –st で，–st だけでは発音しにくい場合だけ口調の e を入れて –est とします。また1音節の形容詞は a, o, u が比較級・最上級でたいてい変音して ä, ö, ü になります。

a, o, u はたいてい変音する

原級		比較級 —er	最上級 —st
klein クライン	小さい	kleiner クライナー	kleinst クラインスト
hart ハルト	堅い	härter ヘルター	härtest ヘルテスト
jung ユング	若い	jünger ユンガー	jüngst ユングスト
alt アルト	古い，老いた	älter エルター	ältest エルテスト
langsam ラングザーム	のろい	langsamer ラングザーマー	langsamst ラングザームスト

Lektion 20　比　較

次の語は太字の箇所が不規則です。

groß (グロース)	大きい	**größer** (グレーサー)	**größt** (グレースト)
gut (グート)	よい	**besser** (ベッサー)	**best** (ベスト)
hoch \<hoh-\>* (ホーホ／ホー)	高い	**höher** (ヘーアー)	**höchst** (ヘーヒスト)
nahe (ナーエ)	近い	**näher** (ネーアー)	**nächst** (ネーヒスト)
viel (フィール)	多くの	**mehr** (メーア)	**meist** (マイスト)
gern (副詞) (ゲルン)	好んで	**lieber** (リーバー)	**am liebsten** (アム　リープステン)

注　原級 hoch「高い」は語尾 e がつくときは c が落ちて hoh- になります。
　　Der Berg ist **hoch**.　その山は高い。　　der **hohe** Berg　高い山
　　(ベルク　　　ホーホ)　　　　　　　　　　　　　　　(ホーエ)

§2　名詞の前に置く場合（付加語的用法）

比較級・最上級も名詞の前では原級と同じように格変化します。

原　級	mein (マイン)	alt-**er** (アルター)	Bruder (ブルーダー)	私の老いた兄〈弟〉
比較級	mein	**älter**-er (エルテラー)	Bruder	私の兄（＜より老いた兄弟）
最上級	mein	**ältest**-er (エルテスター)	Bruder	私の一番上の兄（＜最も老いた兄弟）

§3　その他の場合（述語的・副詞的用法）

次の形式を用います。

原　級	so —— wie ～	～と同じくらい―（英 as —— as ～）
比較級	――**er als** ～	～より―（英 ―er than ～）
最上級	**am** ―― **sten**	最も―（英 the ―st）

Peter { ist / lernt } **so fleißig wie** du.　ペーターは君と同じくらい勤勉 { である。/ に学ぶ。}
ゾー フライスィヒ ヴィー

Peter { ist / lernt } **fleißiger** als Jürgen.　ペーターはユルゲンより勤勉 { である。/ に学ぶ。}
フライスィガー　ユルゲン

Peter { ist / lernt } **am fleißigsten**.　ペーターが一番勤勉 { である。/ に学ぶ。}
アム フライスィヒステン

　最上級は **—st** の形をそのまま用いることはできず、原則として **am —sten** の形にします。

> 最上級はそのままでは用いない

　最上級を sein で結んで述語的に用いる場合には am —sten のほかに、**定冠詞＋ —ste** という形もあります。

Die erste Liebe ist die schönste.　初恋が一番美しい。
エーアステ リーベ　　　　　　シェーンステ

　この形式は同じ名詞を繰り返すのを避けるため最上級のあとの名詞が省略されているのです。上の例で die schönste は die schönste Liebe「最も美しい恋」の Liebe が省略されたものです。ただし、この場合でも die schönste の代わりに am schönsten を用いてもかまいません。

als の3用法

①	…したとき	**Als** sie es hörte, wurde sie rot. 彼女はそれを聞いたとき、赤くなった。
②	…として	Ich rate dir **als** dein Freund. 私は友人として君に忠告する。
③	…よりも	Er ist älter **als** du. 彼は君より年上だ。

Lektion 20 比　　較

Übung 20 (zwanzig) CD▶48

A　和訳しましょう。

1. Meine jüngere Schwester hat ein besseres Gedächtnis als ich.

2. Peter ist so alt wie ich. Er ist aber um* einen Kopf größer als ich.

3. Die Donau ist länger als der Rhein. Sie ist der längste Fluss Mitteleuropas.

4. Das Examen war leichter, als ich erwartet hatte.

5. Ich bin am glücklichsten, wenn ich bei dir bin.

6. Der Arzt, der am wenigsten Medizin gibt, ist der beste.

7. Ich lese nicht so gern. Ich höre lieber Radio. Am liebsten sehe ich aber fern.

注 **um einen Kopf**:「頭1つだけ」。um は差を表わします。省かれることもあります。

単語 Mitteleuropa 中 中部ヨーロッパ　　Examen 中 試験
　　 leicht やさしい　　　　　　　　　　erwarten 予期する、期待する
　　 glücklich 幸福な　　　　　　　　　 fern|sehen テレビを見る

B　カッコ内の語を比較級または最上級に変えて，和訳しましょう。

1. Im Herbst fliegen manche Vögel in (warm 比較級に) Länder.

2. Die Erde ist (klein 比較級に) als die Sonne und (groß 比較級に) als der Mond.

3. Der Verkehr ist um diese Zeit (stark 最上級に).
   フェアケーア　　　　　　　　　ツァイト

4. Der gerade Weg ist (kurz 最上級に).
   ゲラーデ　ヴェーク

単語 Herbst 男 秋　　　　　fliegen 飛ぶ　　　　　　Vogel 男 鳥
Erde 女 地球　　　　Mond (天体の)月　　　Verkehr 男 交通
stark 強い　　　　　gerade 真っすぐな

解答 A
1. 私の妹は私より記憶力がいい。
2. ペーターは私と年が同じです。彼はしかし私より頭1つだけ大きい。
3. ドナウ河はライン河より長い。それは中部ヨーロッパの一番長い川です。
4. 試験は私が予想していたよりやさしかった。
5. 僕は君のそばにいる時が一番幸福です。
6. 最も少なく薬をくれる医者が一番いい医者です。
7. 私は読書があまり好きではありません。ラジオを聞くほうが好きです。でも一番好きなのはテレビを見ることです。

B
1. wärmere　秋にはかなり多くの鳥たちが，より暖かい国へと飛んで行きます。
2. kleiner, größer　地球は太陽より小さく，月より大きい。
3. am stärksten　交通はこの時間が一番激しい。
4. der kürzeste (am kürzesten でもよい)　真っすぐな道が一番短い。

辞書のひきかた

　形容詞の比較級や最上級は原級でひきます。付加語になっている場合はまず格語尾を除いてから，さらに比較級や最上級の語尾 –er, –[e]st, 場合によっては変音記号（‥）も取り除かなくてはなりません。
　　ein **größeres** Haus
上例の größeres の –es は格変化語尾で，größer が比較級，したがって groß が原級です。時々 ein kleiner Wagen「小さい車」などの kleiner を比較級と勘違いするそそっかしい人がいますが，この kleiner は原級で，–er は格語尾です。比較級なら ein kleinerer Wagen「より小さな車」となるはずです。
　なお，不規則な比較級や最上級は辞書の見出し語になっています。

Lektion 21 (einundzwanzig) CD▶49
アイン・ウント・ツヴァンツィヒ

接続法

直説法	er **kommt**
命令法	**komm!**
接続法	er **komme**（第Ⅰ式）/ er **käme**（第Ⅱ式）
	コンメ　　　　　　　　　　ケーメ

§1　3種の法

　ドイツ語には上に挙げたような3つの法があります。文法でいう法とは，発言に対する話し手の態度を表わすための定動詞の種類のことです。

　直説法はある事柄を事実として述べるときの定動詞の形，つまり，ふつうの現在形・過去形などのことです。

　命令法は相手に命令したり，要求したりするときの定動詞の形です。

　ふつうは，この2つの法だけで足りるのですが，ときには直説法や命令法では充分言い表わせないことがあります。そんなとき必要なのが第3の法である接続法なのです。

　接続法には er komme など不定詞からつくる第Ⅰ式と，er käme など過去基本形からつくる第Ⅱ式があり，次のように使い分けます。

要求話法	第Ⅰ式	Dein Reich **komme**!（Bibel） ライヒ　　コンメ　　　　ビーベル み国の来らんことを。（聖書）
非現実話法	第Ⅱ式	Wenn er Zeit **hätte**, **käme** er gleich. ヘッテ　　ケーメ　　　グライヒ 時間があれば彼はすぐ来るだろうに。
間接話法	第Ⅰ式・第Ⅱ式	Er sagt, er **komme**〈**käme**〉gleich. 彼はすぐ来ると言っている。

単語　Reich 中 王国，帝国

なお，接続法という名称ですが，これは有形・無形の何らかの文に接続していると考えられるので，このように呼ばれるのです。

要求話法は Ich wünsche「…と私は願う」，非現実話法は Ich nehme an「私は…と仮定する」という無形の文に接続していると考えられます。

間接話法は Er sagt「…と彼は言う」などの文に接続していることは言うまでもありません。

§2　接続法のつくり方

①　接続法第Ⅰ式基本形

不定詞の語幹に −e をつけてつくります。基本形は3人称単数の形とお考え下さい。

　　　　　　—e

	不定詞		直説法現在形	第Ⅰ式基本形
	kommen	来る	er kommt	(er) **komme** コンメ
	sprechen	話す	er spricht	(er) **spreche** シュプレッヒェ
	werden	…になる	er wird	(er) **werde** ヴェーアデ
	wissen	知っている	er weiß	(er) **wisse** ヴィッセ
例外	sein	ある	er ist	(er) **sei** ザイ △（e がない）

②　接続法第Ⅱ式基本形

過去基本形をもとにして ⸚e の形にします。ただし規則動詞は変音しないので過去基本形と同形です。

　　　　　　⸚e

	不定詞		過去基本形	第Ⅱ式基本形
不規則動詞	kommen	来る	kam	(er) **käme** ケーメ
	sprechen	話す	sprach	(er) **spräche** シュプレーヒェ
	wissen	知っている	wusste	(er) **wüsste** ヴュステ
	sein	ある	war	(er) **wäre** ヴェーレ

Lektion 21 接続法

	haben	持っている	hatte	(er) **hätte** ヘッテ
	werden	…になる	wurde	(er) **würde** ヴュルデ
	gehen	行く	ging	(er) **ginge** （i は変音しない） ギンゲ
規則動詞	wohnen	住む	wohnte	(er) **wohnte** （変音しない） ヴォーンテ

③ **人称変化**

第Ⅰ式も第Ⅱ式も直説法過去形と同じ語尾をつけます。

ich [komme/käme] △　　wir [komme/käme] n

du [komme/käme] st　　ihr [komme/käme] t

er [komme/käme] △　　sie [komme/käme] n

　　例外 sein の第Ⅰ式　ich sei △　　wir seien
　　　　　　　　　　　　du sei[e]st　　ihr seiet
　　　　　　　　　　　　er sei △　　　sie seien

④ **接続法過去形**

上記の第Ⅰ式・第Ⅱ式はどちらも現在形です。過去形は次のように完了形の形式をかりて表わします。

	haben 支配	sein 支配
第Ⅰ式過去形	er **habe** …… **gelernt** ハーベ	er **sei** …… **gekommen** ザイ
第Ⅱ式過去形	er **hätte** …… **gelernt** ヘッテ	er **wäre** …… **gekommen** ヴェーレ

接続法過去形は直説法の過去形・現在完了形・過去完了形に相当します。

131

§3 接続法の用法

① 要求話法（第Ⅰ式）

3人称に対しては命令法がありませんが，接続法第Ⅰ式を用いて，要求・願望を表わすことができます。この用法は現在すたれつつあります。

> Der Mann **sei** stark !　　男は強くあれ。
> ザイ　シュタルク
>
> Gott **helfe** uns !　　神がわれらを助けたまわんことを。

② 非現実話法（第Ⅱ式）

非現実話法の基本は，「もし仮に…だとしたら」という非現実の仮定と，その場合には「…だろう」という，結論から成り立っています。非現実のことですから，事実として述べる直説法を避けて，仮定部にも結論部にも接続法第Ⅱ式を用います。結論部は好んで würde ＋不定詞で言い換えます。

> **würde ＋不定詞による言い換え**

> Wenn ich gesund **wäre**, | **triebe** ich Sport.
> ヴェン　　ゲズント　　ヴェーレ　　トリーベ　シュポルト
> 　　　　　　　　　　　　　　| **würde** ich Sport **treiben**.
>
> もし私が健康ならば，スポーツをするのだが。

würde は推量の助動詞 werden の第Ⅱ式で，英語の *would* に相当します。現代ドイツ語では sein, haben, werden や話法の助動詞以外は würde ＋不定詞で言い換える方がふつうです。

過去のことに関する非現実話法には，次のように接続法第Ⅱ式過去形（＝完了形の第Ⅱ式）を用います。

> Wenn ich gesund **gewesen wäre**, **hätte** ich Sport **getrieben**.
> 　　　　　　　ゲヴェーゼン　ヴェーレ　　ヘッテ
>
> 私が健康であったのなら，スポーツをしたのだが。

仮定部に wäre，結論部に hätte が使われているのは，sein が sein 支配，treiben が haben 支配だからです。

③ 間接話法（第Ⅰ式・第Ⅱ式）

他人の言説の内容を引用者の立場から述べる引用のしかたを間接話法といいます。他人の言っていることですから，それが事実かどうか断言できない

Lektion 21 接続法

> **第Ⅰ式か第Ⅱ式か**

ので，直説法を避けて，接続法を用います。間接話法には原則として第Ⅰ式を用います。

直接話法 Er sagte: „Ich **weiß** es." 彼は言った，「私はそれを知っている」と。

間接話法 Er sagte, er **wisse** es. 彼はそれを知っていると言った。

第Ⅰ式を用いると直説法と同形になる場合は第Ⅱ式にします。

直接話法 Er sagte: „Meine Eltern **wissen** es."
 彼は言った，「私の両親はそれを知っている」と。

間接話法 Er sagte, seine Eltern **wüssten** es. （第Ⅰ式 wissen は直説法と同形）
 彼の両親はそれを知っていると彼は言った。

　なお第Ⅰ式・第Ⅱ式を使い分けるこの原則は，必ずしも厳密には守られていません。話し言葉では第Ⅰ式が使える場合でも，好んで第Ⅱ式が使われます。また現代ドイツ語では直説法を用いることもあります。

Übung 21 (einundzwanzig) CD▶50

A 和訳しましょう。

1. Der schlafende Löwe erwache!

2. Edel sei der Mensch, hilfreich und gut! (Goethe)

3. Wenn ich Zeit hätte, würde ich in die Disko gehen.

4. Hätten* Sie eine Tochter, so würden Sie mich verstehen.

5. Wenn das Taxi keine Panne gehabt hätte, hätten wir den Zug erreicht.

6. Mein Mann sagt, er habe kein Geheimnis vor mir.

7. Er sagte, er spreche nur Deutsch, aber seine Brüder sprächen
   _{ザークテ　シュプレッヒェ　ヌーア　ドイチュ　　　　　　ブリューダー　シュプレーヒェン}

   auch Englisch.
   _{アオホ　エングリッシュ}

8. Sie fragte uns, ob wir schon zu Mittag gegessen hätten.
   _{フラークテ　オップ　ショーン　ツー　ミッターク　ゲゲッセン}

注 **Hätten Sie eine Tochter**：＝ Wenn Sie eine Tochter hätten.　この語順を **wenn** に代わる定動詞第1位といいます。

単語　Löwe 男 ライオン　　　　erwachen 目覚める　　　　edel 気高い
　　　hilfreich 人助けを好む　　Taxi 中 タクシー　　　　　Panne 女 故障
　　　vor mir 私に対して　　　　zu Mittag essen 昼食をとる

B カッコ内の動詞を接続法に変えて，和訳しましょう。

1. Gott (verzeihen) unsere Sünden !
   _{ズュンデン}

2. Trost (suchen) man nicht im Alkohol !
   _{トロースト　　　　　　　　　アルコホール}

3. Wenn deine Frau es (wissen), (werden) sie sehr zornig.
   _{ヴェン　　　　　フラオ　　　　　　　　　　　　　　　ゼーア　ツォルニヒ}

4. Wie (sein) wir glücklich, wenn wir Kinder (haben)!
   _{ヴィー　　　　　グリュックリヒ}

5. Wenn es nicht (regnen), (können) du Golf spielen.
   _{シュピーレン}

6. Der Arzt sagte, ich (sein) nicht krank. Ich (brauchen) nur ein
   _{アールツト　ザークテ}

   wenig Erholung.
   _{ヴェーニヒ　エアホールング}

7. Die Kinder glauben, die Störche (bringen) Babys.
   _{グラオベン　　　シュテルヒェ　　　　　　　ベービィス}

8. Mein Kollege fragte mich, wo ich meinen Urlaub verbracht (haben).
   _{コレーゲ　フラークテ　　　　ヴォー　　　　　　　ウーアラオプ　フェアブラハト}

単語　verzeihen 許す　　　　Sünde 女（宗教・道徳上の）罪　Trost 男 慰め
　　　Alkohol 男 アルコール　zornig 怒った　　　　　　　　Golf 中 ゴルフ
　　　ein wenig 少し　　　　 glauben 信ずる　　　　　　　　Storch 男 コウノトリ
　　　Kollege 男 同僚　　　　Urlaub 男（勤労者の）休暇　　 verbringen 過す

134

Lektion 21 接続法

解答

A
1. 眠れる獅子は目覚めよ。
2. 人間は気高くあれ，人助けを好み善良であれ。（ゲーテ）
3. 時間があれば，ディスコへ行くのだが。
4. あなたに娘がいれば、私の気持ちがわかるのだが。
5. タクシーが故障しなかったら，私たちは列車に間に合ったのだが。
6. 私の夫は，私に対して秘密を持っていないと言う。
7. 彼は言った，彼はドイツ語しか話せないが，彼の兄弟たちは英語も話すと。
8. 彼女は私たちに，もう昼食をとったかどうか聞いた。

B
1. verzeihe 神が私たちの罪を許したまわんことを。
2. suche 慰めをアルコールに求めるな。
3. wüsste, würde 君の奥さんがそれを知ったら，とても怒るだろう。
4. wären, hätten 子供がいたら，私たちはどんなに幸せだろう。
5. regnete, könntest 雨が降っていなければ，君はゴルフができるのに。
6. sei, brauchte （第Ⅰ式 brauche は直説法と同形ゆえ避ける）　私は病気ではない，私はただ少し休養が必要なだけだと医者は言った。
7. brächten コウノトリたちが赤ん坊を運んでくるのだと子供たちは信じている。
8. hätte 私の同僚は私に，どこで休暇を過ごしたのかときいた。

主要不規則動詞変化表

不定詞	直説法現在形	過去基本形	過去分詞
beginnen 始める		begann	begonnen
bitten 頼む		bat	gebeten
bleiben とどまる		blieb	geblieben
brechen 破る	du brichst er bricht	brach	gebrochen
bringen 持ってくる		brachte	gebracht
denken 考える		dachte	gedacht
dürfen …してもよい	ich darf du darfst er darf	durfte	dürfen \<gedurft\>
essen 食べる	du isst er isst	aß	gegessen
fahren 乗り物で行く	du fährst er fährt	fuhr	gefahren
fallen 落ちる	du fällst er fällt	fiel	gefallen
finden 見つける		fand	gefunden
fliegen 飛ぶ		flog	geflogen
geben 与える	du gibst er gibt	gab	gegeben
gehen 行く		ging	gegangen
greifen つかむ		griff	gegriffen
haben 持っている	du hast er hat	hatte	gehabt

不定詞	直説法現在形	過去基本形	過去分詞
halten 保つ，とまる	du hältst er halt	hielt	gehalten
hängen 掛かっている		hing	gehangen
heißen …と呼ばれている	du heißt er heißt	hieß	geheißen
helfen 助ける	du hilfst er hilft	half	geholfen
kennen 知っている		kannte	gekannt
kommen 来る		kam	gekommen
können …できる	ich kann du kannst er kann	konnte	können <gekonnt>
lassen …させる	du lässt er lässt	ließ	lassen <gelassen>
laufen 走る	du läufst er läuft	lief	gelaufen
lesen 読む	du liest er liest	las	gelesen
liegen 横たわっている		lag	gelegen
mögen 好む， …かもしれぬ	ich mag du magst er mag	mochte	mögen <gemocht>
müssen …ねばならぬ	ich muss du musst er muss	musste	müssen <gemusst>
nehmen 取る	du nimmst er nimmt	nahm	genommen
nennen 名づける		nannte	genannt
rufen 呼ぶ		rief	gerufen

不定詞	直説法現在形	過去基本形	過去分詞
scheinen 輝く, 見える		schien	geschienen
schlafen 眠る	du schläfst er schläft	schlief	geschlafen
schlagen 打つ	du schlägst er schlägt	schlug	geschlagen
schließen 閉じる	du schließt er schließt	schloss	geschlossen
schreiben 書く		schrieb	geschrieben
schwimmen 泳ぐ		schwamm	geschwommen
sehen 見る	du siehst er sieht	sah	gesehen
sein ある	ich bin du bist er ist wir sind ihr seid sie sind	war	gewesen
singen 歌う		sang	gesungen
sitzen 坐っている	du sitzt er sitzt	saß	gesessen
sollen …すべきである	ich soll du sollst er soll	sollte	sollen <gesollt>
sprechen 話す	du sprichst er spricht	sprach	gesprochen
springen 跳ぶ		sprang	gesprungen
stehen 立っている		stand	gestanden
steigen 登る		stieg	gestiegen
sterben 死ぬ	du stirbst er stirbt	starb	gestorben

不定詞	直説法現在形	過去基本形	過去分詞
streiten 争う		stritt	gestritten
tragen 運ぶ	du trägst er trägt	trug	getragen
treffen 出会う	du triffst er trifft	traf	getroffen
treten 歩む	du trittst er tritt	trat	getreten
trinken 飲む		trank	getrunken
tun する		tat	getan
vergessen 忘れる	du vergisst er vergisst	vergaß	vergessen
verlieren 失う		verlor	verloren
wachsen 成長する	du wächst er wächst	wuchs	gewachsen
waschen 洗う	du wäschst er wäscht	wusch	gewaschen
werden …になる	du wirst er wird	wurde	geworden <worden>
wissen 知っている	ich weiß du weißt er weiß	wusste	gewusst
wollen …しようと思う	ich will du willst er will	wollte	wollen <gewollt>
ziehen 引く		zog	gezogen

新 スッキリわかるドイツ語

2006年6月15日　第1刷発行

著　者──大岩信太郎（中央大学名誉教授）
発行者──前田俊秀
発行所──株式会社　三修社
　　　　　〒110-0004 東京都台東区下谷1-5-34
　　　　　TEL 03-3842-1711
　　　　　FAX 03-3845-3965
　　　　　振替 00190-9-72758
　　　　　http://www.sanshusha.co.jp/

印刷・製本──日経印刷株式会社

© Shintaro Oiwa 2006 Printed in Japan
ISBN4-384-05426-2 C1084

Ⓡ〈日本複写権センター委託出版物〉
本書の全部または一部を無断で複写複製（コピー）することは、著作権法上での例外を除き、禁じられています。本書からの複写を希望される場合は、日本複写権センター（Tel.03-3401-2382）にご連絡ください。

カバーデザイン──岩井デザイン

新アクセス独和辞典

2色刷

使いやすい！
いちばん新しい
総合学習独和辞典

編集責任 在間 進

1,856 ページ
ISBN 4-384-00037-5 C0584
四六変型判

■ 収録総見出し語数　56,300 語
　　最重要語（1,500語）　色刷で大きな見出し語
　　重要語　（4,400語）　色刷でわかりやすい
■ 最重要動詞
　　ネイティブ執筆の基本例文　人称変化表　関連語
■ 最重要名詞　　格変化表　複合語
■ 発音の便宜のためにカタカナ併記
■ わかりやすい新・旧正書法の記述
■ 動詞や名詞の変化形も見出し語に
■ 便利な分野別用語 3,300語
　　IT／医学／バイオ／環境／福祉／音楽
■ 充実した和独 9,000語

発音　文法　動詞変化表
会話　手紙の書き方
ドイツ語圏の情報
ドイツサッカーにアクセス
絵で見るドイツ語　ジェスチャー

NEUES DEUTSCH-JAPANISCHES WÖRTERBUCH

新アクセス独和辞典
編集責任 在間 進
東京外国語大学教授

2色刷

三修社

三修社　〒110-0004　東京都台東区下谷1-5-34
TEL 03-3842-1711／FAX 03-3845-3965
http://www.sanshusha.co.jp/

英語対照
はじめてのドイツ単語 2200
新正書法対応

大岩信太郎 編著
B6変型判／並製／152頁
ISBN4-384-00132-0 C1084

大学などの授業で1年目に必要と思われる基本単語約2,200を厳選しました。訳語にも配慮してあります。英語とドイツ語は同系であるため、英語と対照させることによりドイツ語単語の理解と記憶がいちじるしく高まります。新正書法を使用しましたが、見出語については旧正書法による表にも併記しました。

三修社

ドイツ語のこころ

大岩信太郎 著
A5判　上製　208頁
ISBN4-384-00559-8 C1084

ドイツ語をこよなく愛し、その文法規則や語法の奥にひそむ「ドイツ語のこころ」を探し求める著者の論文・エッセイ集。
誰でも理解できるように、ほとんどすべてのドイツ語に訳を添えてある。

第1部
1. nicht nur ..., sondern ... について
2. besuchen 等について
3. 所有代名詞・所有形容詞・所有冠詞
4. 補足疑問文のイントネーションについて
5. 話法度について
6. E式の複数形をもつ中性名詞について
7. 双方向動詞について
8. 比較級は原級より程度が高いか
9. 最高級の述語的用法について
10. 助動詞 sein, haben, werden について
    ——エスペラントによるドイツ語理解の試み
11. 関口文法とエスペラント
12. 無格について
13. bis は本当に4格支配なのか

第2部
1. 相手の言葉に続ける定動詞第1位
2. ワク外配置について
3. 口語の関係代名詞
4. 口語の指示代名詞

第3部
1. チロルの立小便
2. Was muß du denn?
3. du か Sie か
4. 外国語と私

三修社